KB150874

회사가 괜찮으면
누가 퇴사해

회사가 괜찮으면 누가 퇴사해

2021년 12월 6일 초판 3쇄 발행

기획   새로운사회를여는연구원
지은이   천주희
펴낸이   조시현
편집   박은희
펴낸곳   도서출판 바틀비
주소   04019 서울시 마포구 동교로8안길 14, 미도맨션 4동 301호
전화   02-335-5306
팩시밀리 02-3142-2559
페이스북 www.facebook.com/withbartleby
블로그   blog.naver.com/bartleby_book
이메일   btb21@naver.com
출판등록 제2021-000312호

ISBN 979-11-964869-7-6 03330

이웃집
연구자
02

회사가 괜찮으면
누가 퇴사해

청년들의 불안하고 불행한 일터에 관한 보고서

새로운사회를여는연구원 기획 | 친주희 지음

바틀비

들어가며

2016년 12월, 민간 연구소에 정규직으로 취직을 했다. 대학원을 졸업하고, 1년 반 동안 첫 책을 썼고, 청년 단체에서 계약직으로 일했다. 당시 월수입은 120만 원 선이었다. 한 달 한 달 살아갈 수는 있었지만 저축은 어려웠다. 학자금 대출도 있었기 때문에 더 많은 수입이 필요했다. 무엇보다 계약 만료 한 달 전까지 고용승계에 대한 아무런 말도 들을 수 없었다. 결국 계약 만료 전에 이직을 했고 그곳이 민간 연구소였다.

연구원, 그것도 '정규직' 연구원은 늘 바라던 조건이었다. 이제 이곳에서 안정적으로 연구하면서 역량을 더 키워갈 수 있을 거라는 기대에 한껏 부풀어 있었다. 그런데 입사 3개월 만에 두 명의 선배가 퇴사를 했다. 몇 달 후에는 또 한 명이 퇴사했다. 연구원 수가 줄었고, 업무도 바뀌었다. 조직에서는 위축된 상황을 변화시킬 새로운 기획이 필요했다.

당시 내가 제출한 새로운 기획은 청년 퇴사자를 만나는 것이었다. 직장 밖에 있는 친구들이 점점 늘기 시작했고, 퇴사에 관한 이야기들이 자주 들렸다. 그때까지만 하더라도 퇴사는 내 이야기라기보다 주변에서 포착되는 현상에 더 가까웠다. 연구자로서 그 현상이 무엇을 의미하는지 궁금했고, 해석하는 것이 나의 역할이라고 생각했다.

2018년 6월, 함께 연구할 사람들을 모집했고 당시 퇴사 상태였던 두 사람이 연구에 참여했다. 두 사람은 다양한 일 경험이 있었고, 비슷한 또래였다. 우리는 매주 모여 노동 관련 세미나를 하면서, 연구 설계를 시작했다. 연구 초기부터 우리는 직접 청년 퇴사자를 만나서 그들의 일 경험과 퇴사의 의미를 들어보기로 했다. 그 이유는 세 사람 사이에서도 일 경험과 퇴사 사유가 모두 달랐고, 객관식 문항만으로는 그 사람의 삶과 일터에 대한 맥락을 담아낼 수 없다는 판단에서였다. 처음에는 지인 소개로 몇 명을 만났고, 이후에는 온라인 공개 모집을 했다. 그런데 연구를 진행할 무렵, 청년들이 일과 쉼과 삶에 대해 고민하는 '괜찮아마을'을 알게 되었고 인터뷰를 했다. 그렇게

21명의 청년 (예비) 퇴사자들의 이야기를 들었다.

연구 설계 단계부터 보고서를 쓰기까지 6개월이 걸렸고, 작년 말 「퇴사, 일터를 떠나는 청년들」이라는 보고서가 나왔다. 6개월 사이에 연구팀 내에서도 변화가 있었다. 한 사람은 취업을 했고, 또 다른 사람은 아르바이트를 했으며, 나는 퇴사를 준비했다. 누구도 예측할 수 없는 변화였다. 이런 변화는 우리가 만났던 청년들의 삶과 크게 다르지 않았다.

퇴사자의 관점에서 바라보는 일터

퇴사 연구를 시작할 때, 가장 먼저 한 일은 퇴사에 관한 책과 문헌을 살펴보는 일이었다. 퇴사 관련 기사, 동영상, 책들을 뒤지기 시작했다. 대형서점 한쪽에 자리를 잡고, 퇴사와 노동에 관한 책은 죄다 읽었던 것 같다. 10년 전부터 자기계발 분야를 중심으로 퇴사 관련 서적이 출간되기 시작했지만 최근 3~4년 사이에 많은 책들이 출간됐다. 분야는 주로 자기계발,

여행, 에세이 분야였다. 장수한의 『퇴사학교』(2016), 이나가키 에미코의 『퇴사하겠습니다』(2017), 이동진의 『퇴사준비생의 도쿄』(2017), 너구리의 『회사가 싫어서』(2017) 등이 주목받았다. 그러나 이 책들에서 퇴사자는 자아실현을 위해 퇴사를 선택하는 당차고 주체적인 존재이거나 회사나 조직문화에 적응하지 못하고 이탈한 소심한 존재로만 묘사되었다.

퇴사 담론을 이끌어가는 대표 발화자들은 주로 퇴사 콘텐츠를 생산하면서 사업을 하거나 중간관리자로서 조직 관리와 퇴사를 장려하는 사람들이었다. 그 이야기 속에는 정작 퇴사자들이 왜 회사를 나올 수밖에 없었는지, 일터는 어떤 곳이었는지 담겨 있지 않았다. 다른 한편, 청년 세대 노동이나 비정규직 노동을 다루는 책은 오늘날 청년들이 왜 퇴사를 하게 됐는지, 그것이 무엇을 의미하는지 담아내지 못하고 있었다. 그래서 퇴사 연구는 오히려 '일터'에 주목하면서 '퇴사'를 해석하고, 일과 일 중단의 경험 사이에 단절된 숨은 이야기를 드러내는

데 초점을 맞췄다.

그렇게 만난 사람들은 1985년~1999년생으로, 20대 초반에서 30대 초중반이었다. 20대 초반이 7명, 20대 중후반이 7명, 30대 초중반이 7명이었다. 최종 학력은 고등학교 졸업 7명, 전문대 졸업 3명, 4년제 대학 이상 11명이다. 특정한 연령층을 만나더라도 그들이 어떤 지역에 사는지, 학력은 어떤지에 따라 일 경험은 달랐다. 우리는 의도적으로 다양한 집단의 사람을 만나고자 했다. 우리가 만났던 사람들은 대기업 사무직, 중소기업 및 영세기업 사무직, 생산공장직, 콜센터 및 백화점 서비스직, 스타트업 개발자, 웨딩업체 매니저, 병원 사무직, 시민단체 활동가 등이었다. 창업을 한 경우도 있었다. 전문직으로는 기자, 조명 및 촬영기사, 요리사, 노무사 등이 있었다.

퇴사자를 만날 때는 주로 주변 환경에 방해받지 않도록 편안하게 이야기를 할 수 있는 장소를 택했다. 이 책의 3장 '일신상의 사유'에서도 다루지만, 퇴사 후에도 퇴사자들은 전 직장에 대해 편하게 말할 기회가 없었다. 회사에 대해 부정적으로 말하면 자신에게 화살이 되어 돌아올 수도 있을 거라고 걱정하는 이도 있었다. 이런 걱정과 우려를 해소하기 위해 연구 참여자와 신뢰를 쌓는 것이 중요했다. 인터뷰 과정에서 연구 참여자의 이야기를 경청하고, 원하지 않는 정보와 이야기는 언제라도 삭제를 요청하도록 했다. 또 연구에 대해 충분히 소개하면서 신변 보호를 위해 일부 개인정보와 사례를 각색했고, 수정 사항을 미리 받기도 했다.

연구자 세 사람 모두 퇴사 경험이 있었던 터라, 퇴사자를 만났을 때 비슷한 동질감에서 인터뷰를 진행할 수 있었다. 서로 살아왔던 환경은 달랐지만 일 경험을 나누면서 전 직장 흉을 보기도 하고, 때로 일에 대한 관점과 해석을 두고 토론을 하기도 했다. 상사 이야기를 하거나 직장에서 겪었던 괴롭힘, 상처받은 이야기를 할 때는 눈물에 공감하기도 하고 침묵을 기다리기도 했다. 또 말하는 이의 의도와 다르게 듣는 이가 그

것을 편향적으로 해석할 것을 경계하며 세 명의 연구자가 녹취를 여러 번 읽고 맥락을 독해하면서 연구를 이어갔다.

이 과정에서 나 또한 자극을 받았다. 퇴사자들 이야기 속에 내가 있었다. 모든 연구자가 자신이 연구한 주제와 방향대로 사는 것은 아니지만, 어느 때보다 일과 퇴사에 대해 가장 많이 고민하면서 퇴사를 결정했다.

왜 청년 퇴사에 주목했는가?

청년 퇴사를 연구하겠다고 했을 때, 가장 많이 들었던 질문은 왜 '청년'이냐는 것이었다. 중년도 퇴사를 하는데 청년의 퇴사가 특별한지 모르겠다는 반응이었다. 이 질문은 대체로 50대가 했다. 50대도 고용불안에 시달리고 힘든데 말이다.

그런데 지금의 50대가 청년이던 시절에 경험했던 노동환경은 지금과 다르다. 그때까지만 하더라도 대학을 졸업하면 바로 취업이 됐고, '평생직장'이라는 신화가 암묵적으로 존재하던 시기였다. 근속연수가 늘어날수록 승진하는 조직을 경험했고, 잘하면 임원까지 승진할 수 있을 거라고 기대했다. 그러나 1997년 외환위기 이후 평생직장이라는 신화는 사라졌다. 불안정한 직장, 명예퇴직, 해고가 늘었고 비정규직, 아웃소싱과 같은 더욱 유연한 고용구조로 대체되었다. 노동시장에 들어갈 수 있는 조건과 자격도 달라졌다. 들어가서도 정년퇴직을 기대를 할 수 없는 상태가 되었다. 물론 이러한 변화는 청년세대에게만 일어나지 않는다. 이제는 전 세대가 경험하는 공통의 문제가 되었기 때문이다.

내가 청년에 주목하는 이유는 단지 청년이 더 힘든 상황에 놓여 있기 때문이 아니다. 어떤 세대가 더 힘들고 덜 힘든지 논쟁해서는 퇴사라는 현상을 풀어가는 데 별 도움이 안 된다. 오히려 일터에 가장 나중에 진입한 사람의 입장에서, 즉 청년의 관점에서 일터를 바라보고 퇴사의 의미를 찾다보면 오늘날 한국 사회가 놓여 있는 상황과 일터의 풍경이 그려질 것이기 때문에 그 이야기의 출발점으로 청년에 주목한 것이다.

이 책은 청년 퇴사자의 관점에서 일터를 바라보고 있기 때문에 중간관리자나 임원들은 불편하게 느낄 수 있다. 그렇다면, 그 불편한 지점에서 성찰을 시작하면 된다. 왜 나의 호의가 청년들에게 다가가지 못하는지, 그것은 왜 애정이 아니고 폭력이 되는지. 그동안 사회초년생이나 신입사원들이 말하지 못했던 부분을 마주하고 이해하는 데 도움이 될 것이다. "기껏 키워났더니 몇 년 있다가 퇴사하더라"고 볼멘소리만 할 것이 아니라, 정말 청년 세대와 함께 일하고 싶다면 그들의 목소리에 귀를 기울이기를 권한다.

청년 퇴사자에게는 이 책이 동시대 청년들이 어떤 환경에서 일하는지, 자신의 일을 어떻게 해석하고 발화하는지 들여다보면서 공감의 시간이 되기를 바란다. 또 퇴사자를 바라보는 가족들에게는 서로를 이해하는 시간이 되기를 바란다. 마지막으로 일터에 남은 사람들에게는 주변 동료와 조직을 돌아보는 계기가 되기를 바란다. 이런 바람이 모여, 한국 사회가 안전하게 일하고, 퇴사할 수 있는 곳이 되기를. 퇴사해도 괜찮은 사회가 되기를 바란다.

이 책은 세 사람이 함께했던 「퇴사, 일터를 떠나는 청년들」에서 시작한다. 비록 내가 대표로 저술을 맡았지만, 누구보다 청년 퇴사 문제에 진지하게 고민하고 날카롭게 비판하며 문제의식을 키워갔던 동료가 있었기에 가능했다. 동료로서 연구 과정에서 책이 나오기까지 지지와 애정을 보내준 황은미 연구원, 최혜인 연구원에게 감사드린다. 이 연구를 시작할 수 있도록 전폭적인 지원을 해준 새로운사회를여는연구원에도 감사드린다. 또 보고서라는 원료가 있었지만, 새로 책을 쓰는 과정에서 꼼꼼하게 원고를 분석해주고 든든한 작업 파트너로 함께해준 바틀비 출판사에 감사드린다. 무엇보다 일터와 삶의 이야기를 들려준 21명의 연구 참여자에게 진심으로 감사의 마음을 전한다. 이 책이 퇴사를 고민하는 분들, 일터를 바꾸고자 하는 분들에게 작은 영감, 용기가 될 수 있기를 바란다.

마지막으로, 청년 퇴사를 연구하는 동안에도 일터에서 목숨을 잃은 청년 노동자들이 많았다. 그들에게는 가닿을 수 없는 책이 되었지만 그들을 애도하는 마음으로 이 책을 썼다. 더이상 일터에서 목숨 잃은 사람들이 없기를 간절하게 바란다.

차례

1장

———

취업시장의 문턱

스펙인간

지난 20년 동안 청년들은 구조적으로 점점 악화되는 고용과 실업 문제를 경험해왔다. 청년 고용동향 지표(통계청)를 살펴보면, 청년 실업률은 2000년 8.1%에서 2018년 9.5%로 증가했다. 청년 고용률은 2000년 43.4%에서 2018년 42.7%로 감소했다. 2018년 청년층의 경제활동 참가율은 47.1%로, 가장 경제활동이 활발할 거라는 사회적 통념과 달리 경제활동 참가율은 저조했다.

상황이 이렇다 보니, 해마다 "청년 실업률 20년 만에 최악", "청년 4명 중 1명은 사실상 '백수'"와 같은 보도가 쏟아져 나오고 있다. 사회 전반적으로 고용률은 상승세를 보이고 있지만 유독 청년층의 고용률은 하락세이다.

청년 실업률이 고착화되고, 취업하지 못한 상태에 놓인 청년이 다수임에도 불구하고 사회는 여전히 모든 사람이 특정한 나이가 되면 직장인으로 살거나 일하는 삶이 '정상적인 사회인'이 되는 길이라고 여긴다. 학교에서도 취업, 가정에서도 취업, 온 사회가 취업을 강요하고, 청년들에게 삶의 목표를 오롯이 '취업'에 맞춰 살아가도록 요구한다. 그러다 보니 취업시장에 들어가기 전부터 취업을 하지 못할 것에 대한 걱정과 두려움으로 위축되고, 취업이 아닌 다른 삶에 대한 모색은 사치처럼 느껴진다. 취업에 대한 공포감이 커질수록 불안감은 증폭되고, 삶의 우선순위는 다시 '취업'이 된다. 그렇게 청년들은 '취업준비생'이라는 수험생의 상태로 청년기를 맞이한다.

죽어라고 뛰어야 겨우 제자리

2006년 대학에 입학한 고상철(31세) 씨는 경영학을 전공했다. 1학년을 마치고 바로 군대에 다녀온 상철 씨는 복학 전부터 "취업이 쉽지 않다", "스펙을 쌓기 위해 어떤 활동을 하고 있냐"라는 이야기를 자주 들었다. 취업이 어렵다는 것을 실감

한 그는 복학과 동시에 본격적인 '도서관 생활'에 돌입했다. 새 학기가 시작되기도 전부터 미리 대외활동 일정을 파악했고, 해외 봉사, 유럽 여행, 대기업 해외 탐방 프로그램, 해외 교환학생, 해외 인턴, 산학협력단에서 추진하는 공모전 등 스펙이 될 수 있는 대외활동에 거의 참여했다. 숨 쉴 겨를도 없이 몰아치는 삶을 살았다.

그는 대학 시절을 "맹목적으로 취업해야 한다는 압박감 때문에" "빡빡하게" 살았던 시절로 회상했다. 대학교 2학년 때부터 취업준비생으로 살았던 그에게 취업은 곧 "인생의 목표"였고, 그것을 이루기 위해 열심히 노력해왔다. 함께 취업준비를 하며 동아리 활동을 하던 친구들 사이에서, 취업난을 뚫기 위해 노력하는 전국의 취업준비자들 사이에서 살아남는 길은 더 많은 스펙을 채워 뛰어난 사람이 되는 것이었다.

그는 계획적으로 열심히 사는 모습을 부모님께 보이며 의젓한 자식이 되고 싶었다. 그러다 보니 늘 무리한 삶의 연속이었다. 상철 씨는 자신의 삶을 루이스 캐럴의 『거울 나라의 앨리스』에 나오는 붉은 여왕에 빗대어 설명했다. 모두가 죽어라고 뛰어야 겨우 제자리에 있을 수 있는 사회에서, 자신이 돋보이려면 더 빨리 달려야 했다는 것이다. 취업을 위해 늘 무언가 해야 한다는 압박은 동시에 안도감을 주기도 했다. 그래야 나중에 덜 후회할 것 같고, 그에 따른 보상도 있을 거라고 기대했기 때문이다.

혹시 나중에 원하는 곳에 취업하고 싶은데, 제가 부족한 상태에서 취업을 바라면 욕심이니까요. 제가 할 만큼 할 때 취업에도 보상이 있지 않을까 해서 막연히 노력했어요.

_고상철

'취업'이라는 목표가 있었지만, 진로가 명확하게 정해진 것은 아니었다. 그의 말처럼 "막연히 노력"하는 것이 그 당시에 할 수 있는 최선이었다.

유난히 해외 경험이 많은 상철 씨는 대학 졸업 후에 외국에 있는 자동차 회사에서 인턴을 했다. 해외에서 인턴으로 일할 때, 내심 해외 취업을 기대했지만 고용승계가 이루어지지 않았다. 한국에 돌아와서 다시 1년 동안 취업준비를 해야 했고, 그 결과 대기업에 입사했다.

모든 대학생이 상철 씨처럼 취업준비를 하는 것은 아니다. 하고 싶다고 할 수 있는 것도 아니다. 하지만 대학생들 사이에서 떠도는 '보통 대학생'의 '취업 정규 코스'는 크게 다르지 않았다. 동아리 활동, 공모전 준비, 어학 연수에 토익 공부는 기본이었다. 비슷한 시기에 만났던 장가을(28세) 씨는 자신도 대학에서부터 여느 대학생들처럼 "정규 코스"를 충실하게 밟아왔다고 했다. 그러나 졸업 후에도 취업준비를 위해 오랜 시간을 보내야 했다. 어학 실력이 뛰어나더라도, 대기업 인턴 경험이 있더라도 정규직 취업은 어려운 것이었다. 그렇게 상철 씨와 가을 씨는 대학 재학 때부터 졸업 이후까지 취업준비에만 최소 4년 이상의 시간을 보냈다.

한편, 특성화고등학교 학생들에게도, 취업준비생의 삶은 스펙과 자격증을 쌓으며 열심히 노력해야 하는 삶이었다. 정인아(20세) 씨는 특성화고등학교 금융정보과를 졸업했다. 인아 씨는 중학교 때부터 공부를 잘했지만 "취업을 목적으로 대부분 대학에 가는데, 대학에 가서 시간을 낭비할 바에는 먼저 사회경험을 하는 것도 나쁘지 않겠다"는 생각으로 일찍 취업을 준비했다.

인아 씨가 진학한 고등학교는 졸업생의 70%가 취업을 하고, 30%가 대학에 진학하는 곳이었다. 산업단지가 많은 곳에 위치한 학교 특성상 '산학 맞춤반'이라는 취업 동아리도 있었다. 취업 동아리는 12월 31일 이전까지 무조건 취업을 시켜 주는 곳이었고, 공부를 잘하는 학생들만 들어갈 수 있었다. 인아 씨는 고등학교 1학년 때부터 자격증 취득은 기본이고 내신 1등급을 유지하기 위해 노력했다. 내신 등급에 따라 높은 연봉의 회사에 지원할 수 있기 때문이다. 주말에도, 방학에도 매일 학교에 나가서 취업준비를 했다. "3년 내내 취업준비 때문에 쉬어본 적 없는 시간"이었다.

특성화고등학교에서 취업을 준비하는 학생들은 내신 관리와 자격증 취득을 우선으로 한다. 비슷한 시기에 특성화고등학교에 다닌 윤혜영(20세) 씨도 1학년 때부터 무역영어, 무역관리사 자격증을 땄고, 정보기술자격(ITQ, Information Technology Qualification), 컴퓨터활용능력, 정보처리기능사, 전산세무, 전산회계, 전산회계운용사, 소방안전관리자 등 자격증 수만 대략 10개가 된다. 학과에 따라 취득해야 하는 자격증은 다르지만, 학교에서 요구하지 않더라도 자격증을 따는 경우가 많았다. 학생들 사이에서는 "[자격증을] 따면 취업할 수 있어"라는 말이 진리처럼 여겨졌고, 자격증 취득과 동아리 활동, 높은 내신 등급을 유지하는 것은 곧 자신이 2~3년 동안 취업을 위해 얼마나 성실하게 노력해왔는지 증명할 수 있는 자료가 된다고 했다.

저는 고사양 인간입니다

스펙 관리가 취업준비자에게 필수조건이 된 것은 2000년
대 초반부터이다. 2000년 이전까지, '스펙(specification의 줄임
말)'이라는 용어는 전자제품 사양이나 상품에 쓰던 말이고, 사
람에게는 쓰지 않았다. 그러나 1997년 IMF 이후 고용시장이
위축되고, 대기업 취업이 어려워지면서 대기업 합격 수기가 신
문에 실리고 인터넷 커뮤니티에서 공유되기 시작했다. 대기업
취업을 희망하던 사람들은 합격자의 출신 대학, 전공, 학점,
어학 점수, 공모전 수상 이력, 봉사활동, 인턴 경험 등을 기준
점으로 삼아 취업을 준비했다. 이것이 일반화되면서 오늘날
'스펙' 문화로 자리 잡게 된 것이다.

한편, 기업에서도 인재 선발을 명목으로 고스펙을 요구
하기 시작했다. 2014년 대통령직속 청년위원회 스펙조사팀
의 「국내 100대 기업 입사지원서 분석 결과」에 따르면, 기업의
94%가 학력을 요구했고, 81%가 학점을 요구했다. 또 91%가

외국어 시험 점수를 요구했고, 해외 거주 경험을 묻는 기업도 40% 정도를 차지했다. 지원자의 출신 고등학교, 가족 관계, 심지어 가족 구성원의 최종 학력과 직장 및 직위를 쓰도록 하는 곳이 20%를 넘겼다. 경제위기가 기업에 준 혜택은 과거에 비해 '고사양'의 능력을 지닌 사람들이 예비 노동자로 대기하고 있다는 점이다.

스펙 문화는 구조적 문제와 함께 시작되었다. 경제위기를 극복하기 위해 대량해고, 노동의 유연화 정책을 시행하고 정규직보다 비정규직 일자리를 늘림으로써 경제적 안정을 추구했다. 그러나 국가적 부도 사태가 극복된 이후에도 변화된 고용시장은 이전으로 돌아가지 않았다. 기업은 신규 채용을 줄였고, 노동자들은 계약이 만료되면 직장을 옮기거나 실업 상태에 놓였다. 이런 상황에서 청년들은 남들과 차별화된 전략을 통해 안정적인 일자리를 얻고자 한 것이다.

취업준비자의 삶은 다른 삶을 포기하거나 지연시키고 '취업'이라는 목표로 재설정하는 것이자, 미래 소득과 진로를 위해 기꺼이 감수하고 견디는 상태에 가깝다. 언제 취업할 수 있을지 모르는 상태에서 하루, 월, 연중 계획을 오로지 취업준비에 맞춰 살아간다. 노동시장에 진입하기 전부터, 쉼 없이 자신의 이력을 관리하고, 자신의 삶을 취업에 맞춰 구성한다. 이것은 단순히 노동시장에서 인재로 채택되기 위한 노력 그 이상을 의미한다.

그렇기 때문에 스스로 과잉 스펙 문화에 대해 때로 비판적인 입장을 취하면서도 포기할 수 없다. 그 이유는 자신이 할 수 있음에도 불구하고 하지 않는다면, 취업을 하지 못했을 때 오는 후회를 개인이 감당해야 하기 때문이다. 개인이 열심히 노력하면 취업할 수 있다고 믿어야만 하는 상황이 유일한 희망이 되었다. 그리고 취업률로 학교를 평가·지원하고, 취업을 하지 않으면 비정상적인 상태로 취급하는 사회는 과도한 취업준비를 부추긴다.

문제는 취업준비 기간이 길어질수록 개인이 부담하는 취업준비 비용은 늘어나고, 아무리 열심히 취업준비를 하거나 자격증을 따더라도, 정작 일터에서는 그 노력이 아무것도 아닌 것이 되는 상황에 직면한다는 점이다. 보유한 자격증이 너무 과해서 쓸모없어지기도 하고, 자격증과 전혀 상관없는 곳에 취업을 하기도 한다.

취업준비자들은 '자격증'과 '스펙'을 많이 쌓을수록 취업 문턱에 더 가까워졌다고 느끼지만, 막상 취업 후에 좌절을 경험하기도 한다. 상철 씨와 인아 씨를 만났을 때, 두 사람은 모두 퇴사를 한 후였다. 상철 씨는 한때 "인생의 목표"였던 취업에 성공했지만, 입사 2주 만에 일터에 대한 기대가 어긋나는 것을 경험하고, 1년 5개월 만에 퇴사했다. 인아 씨도 적은 임금과 고된 노동으로 퇴사한 후였다. 두 사람은 지역도, 학력도, 성별도 달랐지만, 주어진 시간을 허비하지 않고 촘촘하게 취업준비를 하는 데만 몰두한다면 각자가 원하는 곳에 취업을 할 수 있을 거라고 생각했다. 실제로 취업도 했다. 하지만 막상 취업을 하고 난 후에 취업 그 자체가 인생의 목표가 되어서는 안 된다는 것을 깨달았다.

저성장시대를 살아가는 청년들은 과거처럼 졸업만 하면 취업이 보장되던 노동시장과는 다른 노동시장을 경험한다. 일자리를 구하기 위해 오랜 시간 취업준비를 하며, 인내의 시간을 보낸다. 취업준비자는 노동시장 밖에서 도태된다는 두려움과 경제적 독립이 불가능할 것이라는 불안감으로 살아간다. 시간관리, 감정관리, 일정관리 등 심지어 취업준비생은 취업이라는 목적에 맞춰 관계를 맺거나 끊기도 한다. 이러한 자기단속적 삶의 기저에는 불안이 자리 잡고 있으며, 이는 곧 노동시장에서 좋은 상품으로 팔리지 못할 것이라는 생존의 불가능성까지도 담지하게 된다.

개인이 경제구조를 바꿀 수는 없다. 사회는 점점 일하는 사람을 필요로 하지 않으며, 경제성장도 과거처럼 급격하게 일어나지 않을 것이다. 20~30대 청년들은 잦은 퇴사를 경험하면서, 취업준비라는 것이 일시적인 것이 아니라 상시적인 것임을 자각한다. 오래된 스펙은 다시 갱신해야 하고, 취업 후에도 더 나은 나를 위해 전문성을 취득해야 한다. 하지만 그럴수록 개인은 점점 노동시장에서 소외된다. 개인의 능력은 점점 전문화되고, 스펙은 쌓이는데 반대로 노동시장에서는 점점 무력해지는 상황, 이것이 오늘날 예비 노동자를 만들어내는 방식이다.

'첫 직장'의 환상

통계청에서 발표한 「2019년 5월 경제활동인구조사 청년층 부가조사 결과」에 따르면, 청년들이 졸업 이후(중퇴 포함), 임금노동자로서 첫 일자리를 얻는 데 걸리는 기간은 평균 10.8개월이다. 그러나 이 통계가 포착하지 못한 부분이 있다. 청년들은 취업준비를 졸업 이후에 시작하지 않고, 그 전부터 한다는 점이다. 진학과정에서부터 어떤 상급학교로 진학할지 고민하는 단계부터 취업준비를 시작한다. 이 점을 반영하면, 청년들이 첫 일자리를 얻는 데 걸리는 기간은 훨씬 늘어난다.

또, 청년 취업에서 주목해야 할 부분 중의 하나는 바로 '첫 일자리'에 대한 기준이다. 청년들은 졸업 이전부터 조기취업, 현장실습생, 인턴/수습, 계약직/파견직 등으로 일터를 경험한다. 하지만 이러한 노동은 '임시적'이라거나 '과도기'라는 이유로 '첫 일자리'로 인정받지 못하고 있다. 청년들이 온전한 노동자로 대우받지 못하는 이유는 '학생', '준비생'의 신분으로 일터에 들어가기 때문이다. 우리가 무의식적으로 사용하는 언어는 때로 그 존재를 규정한다. 이 책에서 취업준비자를 '취업준비생'이라고 쓰지 않는 이유도 이들의 노동 경험을 재해석하기 위함이다.

현장실습 제도는 "향후 진로와 관련하여 취업 및 직무수행에 필요한 지식-기술 및 태도를 습득"하는 데 도움을 주기 위해 마련된 제도이다. 의도와 달리 현장에서는 학생이라는 신분 때문에 오히려 불합리한 대우를 받는다. 학생도 노동자도 아닌 애매모호한 상황은 오히려 노동자로서의 권리를 주장하기 어렵게 만든다. 이러한 이유 때문에 '첫 일자리'의 기준을 무엇으로 볼 것인가는 아주 중요한 정치적인 문제가 된다.

위험한 직업 체험, 현장실습생과 인턴

윤혜영(20세) 씨는 고등학교 3학년 때 현장실습생으로 세무법인에 취직했다. 현장실습 제도는 학교, 기업, 학생 3자가 계약을 맺는다. 혜영 씨의 근로계약서에는 하루 7시간만 일한다고 되어 있었지만, 실제로는 8시간 기본 근무에 야근도 자주 했다. 당시 정부가 정한 최저임금은 126만 원이었지만, 회사에서 받은 월급은 115만 원이었다. 학생이기 때문에 최저임금조차 받을 수 없다고 했다. 고용주는 이마저도 식비 명목으로 15만 원을 제하고 100만 원만 지급했다. 야근수당도 없었다. 수습기간 3개월을 마치고, 혜영 씨는 임금과 식비 문제를 언급했지만 돌아온 대답은 "실무적인 거 배우면서 일하는데 돈 받고 학원 다닌다고 생각해라"였다.

박민지(20세) 씨도 고3 때 취업을 했다. 모 기업에서 회사 홍보를 위해 학교에 방문했고, 월급으로 180만 원을 준다고 했다. 민지 씨는 그 회사 콜센터에 들어갔다. 막상 들어가서 보니 기본급이 낮고, 인센티브에 따라 급여가 달랐다. 그렇게 일을 시작하고 받은 월급은 144만 원이었다. 낮은 월급 외에도 일터 분위기가 심상치 않았다. 회사에서는 직원들을 등급을 매겨 관리했고, 매뉴얼에 따라 "잘했던 콜"과 "못했던 콜"을 나누며 면박을 주었다. 민지 씨는 그곳에서 감정노동과 실적 압박에 시달렸다. 어떤 날은 자리에만 앉으면 숨이 막혔고, 출근할 때마다 "여기는 제 공간이 아닌데, 저를 억지로 넣는 기분"이 들었다고 했다.

민지 씨는 재학 중에 취업을 한 상태라서, 일터에서 무슨 일이 생기면 학교에 알려야 했다. 학교에서는 졸업 전 취업한 학생들을 위해 일터를 방문하거나 연락하는 방식으로 학생들의 상태를 점검했다. 하지만 선생님이 방문하더라도 일터 환경에 대해 솔직하게 말하기 어려웠다. 학생들은 취업 후에 "버티지" 못하고 다시 학교로 돌아가면 "혼난다"고 했다. 또 그들이 다시 학교로 돌아가지 않아야 후배들이 그곳에 취직할 수 있다고 생각했다.

> 취업률을 못 채우면 국가에서 돈을 안 준다고. 그런 식으로 얘기를 하죠. 일단 다 밀어넣고 마지막까지 취업을 못하면 아르바이트하던 햄버거집에라도 취직하라고 해서 취업률을 채워요. (…) 제 친구가 음식점에 나갔는데 안 맞아서 나왔어요. 얘가 거기서 욕도 듣고 많이 울었어요. 얘가 힘든 상태라서 취업엔 관심이 없다고 얘기를 했는데 "다른 곳은 다를 수 있지 않냐"면서 "가보라"고 취업을 계속 권유했어요.

> _박민지

민지 씨는 학교로 다시 돌아가더라도 선생님들이 취업을 권유할 것을 알았기 때문에 오히려 일터에서 무슨 일을 겪었는지 말하지 않았다. 심지어 회사를 그만둔 후에도 알리지 않았다. 다른 지역에서 특성화고등학교를 다닌 사람들도 유사한 말을 했다. 고3 졸업 전에 취업을 해야 한다는 압박을 받고, 상반기에 취업을 했다가 그만두고 다시 학교에 돌아오면, 대기 상태에 있다가 다시 취업을 해야 한다고 했다. 학교에서는 학생들이 왜 그만둘 수밖에 없었는지 기업에 따지기보다, 다른 일터로 보내는 것을 더 중요한 일이라고 여겼다.

민지 씨는 일하면서 점심시간마다 병원에 가서 링거를 맞을 만큼 상태가 좋지 않았다. 병원에서도 너무 자주 찾아오자 무슨 일을 하는지 물어볼 정도였다고 한다. 회사에 그만둔다고 이야기를 했지만, 퇴사를 시켜주지 않았다. 결국 민지 씨는 머리가 아파서 두통약을 먹은 뒤 쓰러졌다. 그 후로 상사는 갑자기 친절하게 대하며 "그만두게 해줄 테니까 집에 가서 푹 쉬라"고 했다. 민지 씨는 그때를 떠올리며, 다른 통신사에서 일하다가 죽은 홍수연 씨 이야기를 꺼냈다.

2017년 현장실습생으로 일하다 목숨을 잃은 사람들에 대한 보도가 유난히 많았다. LG유플러스 콜센터 현장실습생이었던 홍수연 씨는 실적 압박으로 죽음을 택했다. 같은 해 제주도의 한 음료공장에서 현장실습생으로 일하던 이민호 씨가 프레스에 눌려 사망한 사건이 있었다. 현장실습 문제가 사회적으로 떠오르자 한 언론에서는 "저임금의 위험한 일자리를 10대로 채우려는 기업, 취업률로 학교를 평가해온 정부, 취업률 높이기에 매달리는 학교"가 트라이앵글 구조를 만들어 고교 현장실습생을 위험에 내몰았다고 비판하기도 했다.

비슷한 시기를 콜센터에서 보낸 민지 씨에게 일터나 학교는 안전한 곳이 아니었다. 학교도, 선생님도 학생들이 일하는 곳이 어떤 곳인지 잘 몰랐다. 회사에서 거짓 채용 조건을 약속하거나 투명하게 업무, 일터 환경에 대해 알려주지 않기 때문이다. 취업 전에 약속했던 사항이나 계약서상의 업무와 실제 업무가 다른 경우도 많았다.

현장실습을 둘러싼 문제가 가시화되면서, 2017년 12월 교육부는 '조기취업형 현장실습 전면 폐지' 계획을 발표했다. 그러나 일부에서는 현장실습이 사라질 경우 취업이 어려워진다고 반대했다. 2018년 2월 교육부는 폐지 대신 '학습 중심 현장실습의 안정적 정착 방안(안)'을 발표한다. 과거 '근로 중심' 현장실습을 '학습 중심' 현장실습으로 전환하고, 현장에서 안전이 확보된 경우에 한해서 겨울방학 전에 취업하도록 지원한다는 내용이었다.

10대 때 현장실습을 하고, 조기취업을 한 청년뿐만 아니라 대학 시절 인턴으로 현장에서 일한 사람들도 낮은 임금, 야근수당 없음, 장시간 노동, 실적 압박 등에 시달리기는 마찬가지였다. 김하늘(25세) 씨는 대학 시절 미국 실리콘밸리에 있는 다국적 기업에서 2년 동안 인턴을 했다. 그곳은 자동차 회사였고, 비록 인턴이었지만 신나게 일할 수 있는 곳이었다. 좋은 경험을 했다고 생각한 하늘 씨는 인턴 계약이 끝난 후 조금 더 나은 조건으로 같은 직장에 또다시 인턴으로 취업했다. 임금이 조금 올랐지만 미국의 높은 부동산 가격으로 인한 주거비는 감당하기 힘들었다. 10명 이상 같이 살았던 셰어하우스는 1인당 월세가 1100불(약 120만 원)이었고, 월급의 절반 이상을 차지했다. 결국 집세에 부담을 느끼고 중고차를 구매해 차에서 생활했다. 낮은 임금과 불안정한 주거는 한국에 돌아와서도 크게 달라지지 않았다. 하늘 씨는 한국에 온 후 외국계 자동차 회사의 인턴으로 들어갔다. 당시 인턴 월급은 100만 원이었고, 식비는 개인이 해결해야 했다. 100만 원으로 서울에서 홀로 생활하기란 어려운 일이었다.

하늘 씨는 와인바에서 아르바이트를 시작했다. 오전 8~9시 사이에 자동차 회사에 출근해 오후 6시에 퇴근하면 강남으로 넘어가 와인바에 출근했다. 오후 7시에 일을 시작해서 새벽 12~3시 사이에 마감했다. 가게 일이 끝나면, 가게 사무실에서 잠깐 잠을 자거나 한 평짜리 컨테이너 창고를 빌려서 야전침대 생활을 했다. 아침이 되면, 헬스장에서 샤워하고 회사에 출근했다.

명문대를 졸업하고, 해외 취업 경험이 있었지만 인턴으로 산다는 것은 쉽지 않았다. 하늘 씨는 다국적 기업에서 인턴으로 일하면서 경험했던 노동시장의 구조를 이렇게 설명했다.

모든 외국계가 그런 건 아니겠지만 풀타임 TO와 계약직 TO가 달라요. 풀타임 TO는 거의 없었어요. 근데 인턴 TO는 항상 많아. 여기는 신입을 거의 안 뽑고 경력직 위주로 뽑고 신입이 할 업무는 똑똑한 계약직이나 인턴들 시키면 되니까. 그리고 월급 백 얼마 줘도 오니까 충분히 지탱이 가능한 거죠. (…) 미국도 다를 게 없어요. 비슷해요. _김하늘

노동시장에서 청년들은 계약직이나 인턴이라는 이유로 최저임금도 안 되는 임금을 받는다. '순수한 교육 목적의 인턴'은

근로자에 해당하지 않기 때문에 최저임금법의 적용을 받지 못하는 것이다. 그 과정에서 이익을 얻는 기업 문제는 묵인되어 왔다. 기업이 적은 임금을 지급하더라도, 도처에 일하고 싶은 의지가 있고 경험이 필요한 청년들이 대기하고 있기 때문이다. 인턴으로 있는 사람들은 고용승계가 되지 않더라도 열악한 근로조건에 대해 말하지 못하며, 노동자로서의 기본적인 권리를 주장하지 못한 채 일터로 나선다.

장가을(28세) 씨도 대학을 졸업하고 대기업 인턴에 지원했다. 지원할 당시 고용보장 없는 인턴이라는 것을 알고 있었다. 하지만 "스펙에 한 줄이 필요해서 인턴을 하면 좋겠다"고 생각했다. 가을 씨는 인턴 경험이 이후에 직업을 구하는 데 이력으로 작용할 거라고 믿었고, 인턴 기간을 잘 보내면 취업에 더 가까이 다가갈 수 있을 거라고 생각했다. 하지만 대기업과 외국 공공기관에서 인턴을 하면서 일을 배웠다는 느낌은 받지 못했다. 가을 씨 사례처럼 인턴은 고용으로 이어지지 않으며, 잦은 인턴은 소모적인 직업 체험에 끝나는 경우가 많았다. 일터에서는 일을 가르쳐주지 않을뿐더러, 인턴에 신경 쓰는 조직은 드물다. 가을 씨는 그동안 일했던 곳을 돌이켜보니 인턴 때는 주로 '잡무'와 같은 허드렛일만 해왔다고 회고했다.

저렴하고 만만한 '학생'

　취업준비생, 현장실습생, 사회초년생이라는 말은 노동시장에 막 진입한 사람들을 '학생'의 위치에 둠으로써 동료로 대하기보다 '가르쳐야 할 대상'으로 취급한다. 그나마 일이라도 가르쳐주면 다행이다. 대부분 곧 떠날 사람이라고 생각하면서 일을 제대로 가르쳐주지도 않는다. 이미 다양한 일 경험을 지녔더라도 사회는 청년을 '학생'으로 호명함으로써 이들을 사회적인 존재 혹은 사회인으로 취급하기를 지연시킨다. 그러다 보니 임금, 조직문화, 노동환경이 부당할지라도 일방적으로 감수하거나 참도록 강요받는다.

　과도기적 노동은 이미 포화상태에 있는 노동시장을 안전하게 지키면서 산업예비군을 확보할 수 있는 방편이 된다. 기업 입장에서는 미숙련 노동을 이유로 저임금으로 노동력을 활용할 수 있다. 예비 노동력을 보유하면서 그들에게 지급해야 할 정당한 임금을 지연시키고 이익까지 얻는다. 그러니 현장실습생과 인턴은 기업 입장에서 인건비를 줄이고, 고용에 책임지지 않아도 되는 제도로 악용되는 것이다.

　취업준비자들 또한 자신의 노동을 '과도기적 노동'으로 여기며, '첫 직장'을 위해 감수해야 한다고 생각한다. 과도기적 노동이 첫 일자리라고 생각하지 않으며, '첫 일자리'는 지금보다 더 나을 것이라고 기대한다. 하지만 한번의 인턴이 아니라, 인턴 이후에도 계속 인턴으로 지원할 수밖에 없는 현실을 마주했을 때, 어쩌면 '첫 일자리'는 환상이고 애초에 없는 것이었을지도 모른다는 것을 깨닫는다. 10대 후반부터 많은 청년들은 식당, 카페, 웨딩홀 등 서비스 업종에서 아르바이트를 한다. 이 일은 임시적인 일, 언제나 필요할 때 다시 구할 수 있는 일이라고 여겼다. 그런데 막상 취업시장에 뛰어들었을 때 오히려 아르바이트보다 더 못한 대우나 임금을 받으면서, 일과 취업과 아르바이트의 경계가 불명확해지는 것을 경험했다.

여전히 일상에서 빈번하게 일어나는 임시적인 노동은 마치 개인의 생애에서 없는 것처럼 삭제된다. 이미 임시적 노동이 삶에서 더 많은 비중을 차지하더라도 말이다. 이러한 일 삭제 과정은 '일'의 위계가 사회적으로 설정되어 있음을 보여준다. 임시적인 직업이나 서비스 업종의 일은 '일'로 인정하지 않는 것이다. 마치 정규직과 비정규직을 가르고 차별하는 것처럼. 일 그 자체로도 어떤 것은 일이 되고 어떤 것은 과도기적 노동이 된다.

2장

수상한 노동 세계

일터는 원래 이래요?

어떤 청년이 있다고 가정해보자. 학교를 졸업하기 전부터 취업준비를 하고, 졸업한 후에는 임시노동자로 현장실습과 인턴 과정을 거치고, 어렵게 '첫 직장'에 들어갔다. 긴 취업준비 기간을 마치고, 드디어 취업을 했으니 얼마간 성취감도 느낄 것이다. 그런데 오래가지 않아 직장을 그만뒀다. 왜 퇴사를 했을까.

「2019년 5월 경제활동인구조사 청년층 부가조사 결과」에 따르면, 첫 직장을 그만둔 이유 중 '근로여건 불만족'이 49.7%로 가장 높았다. 근로여건이란, 근로시간과 보수 등을 뜻한다. 그다음으로는 '개인 및 가족적 이유'(건강, 육아, 결혼 등)가 14.5%였고, '임시적·계절적인 일의 완료, 계약기간 끝남'으로 그만둔 경우가 12.3%를 차지했다. 임금을 묻는 항목에서는 응답자 중 150만 원~200만 원 미만을 받는 경우가 34.1%로 가장 높았고, 100만 원~150만 원 미만이 27.7%로 높았다. 여기에 50~100만 원을 받았다고 응답한 청년들까지 합하면 200만 원 미만의 월급을 받은 청년들의 비율은 79.4%나 된다. 청년들이 첫 직장을 그만둔 배경을 유추해보면, 첫 직장에서 일한 것에 비해 적절한 보상을 받지 못했음을 알 수 있다.

그동안 퇴사하는 청년을 바라보는 시선은 대체로 부정적이었다. '일하자마자 그만둔다', '나약하다', '아직 배가 덜 고파서 저런다', '눈이 높아서 대기업이나 공무원만 하려고 한다' 등등 청년 실업 문제의 원인을 개인의 나태함으로 돌렸다. 그렇기 때문에 어렵게 취업을 하더라도 퇴사하는 청년이 늘고 있는 이유에 대해 제대로 주목하지 못했다.

하지만 질문을 바꿔보면 청년 퇴사자가 증가하는 현실에 대한 실마리를 찾아볼 수 있다. 왜 청년들은 한곳에서 오래 일할 수 없는 것인가? 왜 오래도록 취업을 준비하고, 금방 퇴사를 하는 걸까? 왜 자신의 노동이 소모적이라고 생각할까? 삶과 일의 균형을 찾는 이유는 무엇일까? 청년들은 일을 통해 무엇을 기대하고, 그 기대는 어떤 순간에 깨지는가? 그 답은 이미, 일터에 있다. 청년들의 노동과 존재를 대하는 조직의 태도에서 말이다.

첫 출근의 설렘과 기대감은 잠시, 김윤지(19세) 씨와 김재일 씨(21세)는 일을 시작한 날부터 선배로부터 퇴사를 권유받았다.

인수인계를 해주시던 사수 선배님이 "여기는 다닐 데가 못 된다"라고 한참 욕을 하시는데. 들어온 날 바로 그랬어요. 그땐 이해를 잘 못했는데, 하루 이틀 지나니까 '아. 이건 좀 아닌데.'_김윤지

들어가는 첫날부터, 선배들이 "너는 ×됐다"고 장난스럽게 이야기했거든요. 조금 과장했을 수도 있다고 생각했는데. 현장으로 제가 들어가니까 진짜 그러니까 '과장이 아니구나.' _김재일

처음에는 농담이라고 생각했지만, 두 사람은 하루 이틀 만에 그 이유를 깨달았다. 체계적이지 않은 시스템, 나이와 직급에 따른 권위적인 문화, 낮은 임금과 고된 노동 강도가 견디기

힘들었다. 어떻게 대처해야 할지 난감해하면서 회사생활을 시작했다. 이처럼 입사한 지 얼마 되지 않아 기대가 깨지는 경험은 다른 사람들에게도 마찬가지였다. '누가 오래, 이상한 곳에서 버티는가'에 따라 재직기간이 달라질 뿐이었다.

교육/업무 시스템의 부재

처음 일을 시작할 때, 직무교육은 중요하다. 앞으로 내가 어떤 일을 하는지 파악하고, 일할 곳을 이해하는 시간이기 때문이다. 그러나 체계적인 직무교육을 진행하는 곳은 많지 않았다. 퇴사를 앞둔 선배에게 인수인계를 받지만, 그 기간은 넉넉하지 않다. 20분 정도 짧은 설명을 듣고 바로 업무에 투입되거나, 자신이 무슨 일을 해야 하는지 모르는 상태에서 무작정 상사의 명령이 내려질 때까지 대기하는 경우도 있었다.

〔등록할 때〕 "이 버튼 잘못 누르면 안 되니까, 이 버튼 조심해라" 이런 걸 알려준단 말이에요. "이거 잘못하지 마라. 이거 잘못하지 마라" 이렇게 알려주는데, 그런 걸 교육이라고

생각하는지 모르겠어요. 매뉴얼도 없었고. _윤혜영

진짜 너무 힘든 거예요. 봐도 하나도 모르겠고. 그렇다고 옆에서 붙잡고 진득하게 알려주는 것도 아니에요. 그냥 주고 "해!" 하는 거죠. (…) 뭣도 모르는데, 맨날 가서 엄청나게 혼나기만 하고. 그러니까 너무 자괴감이 드는 거예요. 한 세달 동안 진짜 엄청 혼났어요. 혼나면서 내가 왜 혼나는지를 모르겠는. 맨날 모르겠다고 하는 것도 힘들고. 너무 자존감이 너무 낮아지는 거예요. 나름 학교에서 되게 공부 잘하고 그랬는데. 그때 관둬야 하나를 엄청 고민했어요. _정인아

윤혜영(20세) 씨와 정인아(20세) 씨는 10대 후반에 취직을 했다. 혜영 씨는 세무법인 세무대리인으로, 인아 씨는 반도체 2차 벤더사의 설계팀 사원으로 들어갔다. 혜영 씨는 일감을 부여받으면, 그 일을 해결하기 위해 스스로 방법을 찾거나 모르는 것을 하나하나 물어봐야 했다. 특히 세금 신고를 할 때는 하지 말아야 할 사항을 지시받았는데, 혜영 씨는 자신이 버튼을 누르더라도 그 버튼을 왜 조심해야 하고, 어떤 원리에 의해 진행되는지 전체 프로세스를 배우고 싶었지만 그런 기회는

2장_ 수상한 노동 세계

제공되지 않았다. 그러다 보니 일이란 "잘못하지 말아야 하는 것" 이상으로 확장하기 어려웠다.

한편, 인아 씨는 면접 때 희망 부서로 영업팀을 꼽았지만, 면접관은 인아 씨를 설계팀으로 배치했다. 전문적인 업무는 하지 않을 거라는 말과 달리 막상 현장에서는 도면을 볼 줄 알아야 했다. 설계에 관련한 사전지식이 전혀 없었던 터라 업무에 부담을 느꼈다. 직무교육은 곧 퇴사하는 전임자에게 인수인계를 받는 것이 전부였다. 인아 씨는 잘 모르는 상태에서 주어진 업무를 해결하지 못한다고 상사로부터 오랫동안 혼났다고 했다. 상사에게 혼날수록, 자존감이 낮아졌고 업무를 파악하고 일을 진행하기 위해 거의 매일 야근을 했다. 일이 적응될 때쯤에는 유난히 바쁜 상사의 업무에 따라 퇴근 시간이 달라졌고, 자정이나 새벽 4시에 퇴근하고 다음날 아침에 정시 출근하는 날도 있었다. 갖은 수모와 모욕을 견디며 일을 배웠던 것이다.

이와 달리, 최하나(20세) 씨는 일을 체계적으로 알려주는 친절한 과장과 대리를 만났다. 대리는 "실무의 디테일"을 알려주는 사람이었고, 과장은 "넓게 볼 수 있도록 큰 그림"을 그리도록 도와주는 사람이었다. 담당자로서 역량을 키우면 좋겠다고 교육도 권하고, 성장할 수 있도록 업무 프로세스를 외울 수 있도록 설명해주고, 화를 한번도 내지 않았다고 했다. 선배들은 하나 씨가 퇴사할 때도 그 상황을 이해하고 조언자가 되었다.

그러나 하나 씨와 같은 사례는 드물었다. 신입사원은 제대로 된 교육이나 인수인계를 받기 어려웠다. 특히 작은 사업장의 경우, 인원이 넉넉하지 않기에 선임은 자신의 업무를 처리하면서 신입을 교육하는 일에 대해 부담을 느낀다. 선임 또한 제대로 된 직무교육을 받아본 적이 없는 경우도 있다. '신입 때는 다 그런 거다'라는 말로 얼버무린다거나, 일하다 보면 자연스럽게 업무를 파악하고 실력이 쌓일 것이라고 믿으며 교육은 생략한다. 개인이 알아서 업무를 파악하고, 실력을 쌓아가는 것보다 더 큰 문제는 따로 있다. 일터는 신입이 업무가 익숙해질 때까지 잘 기다려주지 않는다. 그 과정에서 신입은 업무를 제대로 처리하지 못했다는 이유로 상사로부터 욕설과 꾸지람 등 폭력적인 언사를 들어야 한다.

그뿐만 아니라, 업무 시스템이 제대로 갖춰지지 않거나 업무 분담이 제대로 이루어지지 않는 곳에서 자신의 역할에 대해 혼란을 겪으며 과로를 하게 된다. 20일 출근이면 20일 모두 야근을 했다는 인아 씨, 입사하고 퇴사하는 날까지 거의 모든 날을 야근했다는 상철 씨, 퇴근 후에는 늘 집에 일감을 가져가야 했다는 태화 씨 등은 교육이나 업무 시스템이 제대로 갖춰지지 않은 곳에서 스스로 업무를 파악하거나 습득하기 위해 과로를 하기도 했다.

'장난'과 '애정'의 폭력

한 달 동안 제 이름을 안 불렀어요. "야" 손으로 이렇게 해요. 무슨 개새끼 부르는 것처럼 이래요. _정인아

손으로 딱딱 이러면 가야 해요. 저는 조금 짜증이 나서 모른 척하는데, 다른 애는 너무 순둥순둥해가지고. "네!" 이러면서 가요. _최하나

청년들은 대부분 '막내'로 입사한다. 막내란, 조직에서 '서열'이 가장 낮고 나이도 가장 어리다는 의미다. 막내는 모든 잡무를 수행하도록 강요받는다. 한동안 인아 씨와 하나 씨는 이름 대신 "야" 혹은 손짓으로 불렸다고 한다. 신입 중에 여성들

은 탕비실 청소, 복사, 화분에 물 주기, 택배 받기 등 허드렛일을 하도록 강요받았다. 시대가 변했기 때문에 직장에서 여성의 일과 남성의 일을 구분하지 않는다고 하지만 여전히 "커피는 여자가 타야 맛있지"라는 말을 듣거나(최하나), 다른 팀에서 회의실을 쓸 경우에도 청소는 신입, 여성 사원에게 시킨다. 똑같은 막내더라도 남성들은 청소에서 열외되는 경우를 목격한다. 하나 씨는 탕비실 청소를 여성들만 하다가, 상업고등학교를 졸업한 여성이 입사하면 청소를 도맡아서 하는 관례가 바뀌지 않았다고 했다. 뿐만 아니라 염색·화장 금지 등 두발, 복장규제도 있었으며 네일아트를 하고 온 직원은 선배들에게 불려가기도 했다.

하나 씨는 선배에게 지속적인 괴롭힘을 당했다. 선배는 친해지기 위해 "장난"을 친 것이라고 했지만, 뒤통수를 치거나 엉덩이를 발로 차는 등 수위가 높아졌다.

제가 막내고 그래서, '왜 그러세요?' 그런 말을 못했죠. 그렇게 넘어갔더니 다음에 또 그러는 거예요. 그때 못 참아서 "선배, 경찰에 신고할 거예요. 성추행으로 경찰에 신고할게요" 이랬어요. 그랬더니 "야, 내려와"라고 했어요. 그때 너무 무서워서. 한 대 맞을까 봐. 다리 후들후들거리는데 아무렇지 않은 척 갔죠. "너 뭐라고 그랬냐"고 되물어서 "선배가 제 엉덩이를 찼잖아요. 신고할 거예요" 이랬더니 "너 더 이상 나한테 장난치지 마" 이러는 거예요. 장난은 자기가 쳐놓고. 〔나중에는〕"야, 신고해. 신고해" 이러는 거예요. 저는 엄청 울었죠. 무섭고 그런 상황에서 "야, 엄청 어이없다. 신고하고 다신 나한테 말 걸지 마" 이러는 거예요. 제가 회사에다가 이야기하고 싶은데, 그 사람은 저보다 오래 다녔고. 저희 회사는 중소기업이라 좁아요. 여기서 사람을 잘라봤자 나를 자르겠지, 그 사람을 자르겠어요. 그래서 말을 못하겠는 거예요. _최하나

하나 씨를 괴롭히던 선배는 회사 내에서 중요한 직책을 맡고 있었다. 그래서 다른 사람들도 건드리지 못하는 사람이었다. 하나 씨에게 그 선배는 회사 사람들도 기피하는 존재이고, 장난을 칠 수 있는 상대가 아니다. 두 사람 사이에는 엄연히 권력 관계가 존재하고, 이러한 관계에서 약자의 장난은 성립되기 어렵다. 특히 하나 씨는 선배의 행동을 '성추행'이라고 인식하고, 그 행동을 멈추라고 말했지만 폭력을 행한 선배는 역으로

하나 씨를 '장난도 못 받아주는 후배' 취급을 하면서 문제의 원인을 돌렸다.

대부분 직장에서 괴롭힘은 '장난'이나 '애정'으로 둔갑한다. 상사 입장에서는 그것이 '장난'이라고 할지라도, 상대방이 '폭력'으로 인식하면 더 이상 장난이 아니다. 민주주의 교육을 받고 자란 청년 세대는 일터에서도 평등하고, 비폭력적인 조직 문화를 당연하게 생각한다. 하지만 한국의 일터는 나이와 연공에 기반한 위계구조에서 모든 일이 일방적으로 결정되고, 상사의 명령이 곧 절대적이다. 가장 이해하기 어려운 부분은 폭력을 행사하면서, "이게 다 너를 위해서 그런 거야"라고 받아들이기를 강요하는 부분이다.

또 직속 상사의 직급이 높을 경우, 상사는 자신이 부정확하게 지시하거나 추상적으로 말하더라도 신입직원이 그 뜻을 바로 알아차리고 원하는 바를 실행하기를 원한다.

그날 이사님이 엄청 바빴어요. 뭘 찾아서 가져오래요. '어디에서 이걸 찾아서 가져와'라고 설명하면 되는데 "이거 갖고 와"라고 하니까. 이거에 대한 것들이 중복되는 게 되게 많았거든요. 그래서 일단 최근에 작업한 것들을 가져다드리니까 그게 아니라고 했어요. 그래서 다른 거, 그 전 거를 가져다드렸는데 그것도 아니래요. '어… 어떡하지' 멘붕이 와가지고. 더군다나 이사님인데. '어떡하지, 어떡하지' 이러다가. 이사님이 성격이 진짜 불같아요. 다혈질. 엄청 무서워요. 그래서 일단 찾아서 들어갔는데. 사무실에서 저한테 소리 지르는 거예요. "너 지금 장난하냐"고. "지랄하고 앉아 있네" 이렇게 소리 지르는 거예요. 저는 너무 놀라서 할 말이 안 나오는데 뭐라고 말을 못하고. 이사님이 화내면 팀 분위기가 엄청 싸해지는데. 나 때문에 싸해졌으니까. 눈치가 엄청 보이잖아요. 다른 사람들한테. 너무 놀래가지고 자리에 가만히 앉아 있었는데 차장님이 달래준다고 오셔서. 그때 눈물이 팍 터지는 거예요. _정인아

상사의 커뮤니케이션 방식에 문제가 있음에도 불구하고 제대로 의견이 전달되지 않을 때 화를 내거나 말을 번복하는 쪽은 상사이다. 그때 책임은 신입이 지게 되고, 신입은 그 상황을 이해할 수 없지만 혼나는 위치에 서게 된다. 평등한 조직문화에서는 혼내고, 혼나는 관계가 성립될 수 없다. 하지만 위계적인 곳에서 특히 선임은 신입을 혼낼 수 있는 특권적 지위를 부

여받게 된다. 업무 지시·지도를 혼내거나 훈육하는 것으로 왜 곡해서 생각하는 사람들이 많았다.

일터에서 '막내'라는 위치는 일터에 가장 나중에 들어온 사람이기도 하고, 모든 것이 처음인 사람이다. 그런 사람이 보기에 일터는 친절한 공간이 아니다. 오히려 빨리 동화되거나 친해지기 위해 '장난'을 감수해야 하는 곳이자, 복장과 행실 등의 규율을 체득해야 하는 곳이다. 부당한 일을 모두 감내하며, 선배나 상사의 지시에 따라 '눈치'를 보며 '알아서' '빠릿빠릿하게' 움직이는 사람을 좋은 신입의 상으로 여긴다.

직장에서 일어나는 이 '친밀한 폭력'은 퇴사를 고민하는 계기가 된다. 정희진은 『아주 친밀한 폭력』에서 친밀한 폭력의 양상을 가정폭력의 성역할 비대칭성에 주목하며 분석한다. 그에 따르면, 폭력을 바라볼 때 중요한 점은 '이것은 폭력이다, 아니다'라는 것보다 폭력이 발생하는 맥락을 살피는 것이다. 가정폭력을 예로 들면, 아내가 가정에서 정해진 성역할 규범을 위반했다고 남편이 판단을 내렸을 때 아내에게 폭력을 행사했고 그것은 '집안일'이라는 사적 처벌로 간주되어왔다. 그러면서 여성을 향한 가정폭력은 정당화되어왔고 사회는 묵인해왔다.

그렇다면, 장소를 가정에서 일터로 이동시켜서 생각해보

자. 선배 혹은 선임과 막내(신임) 사이의 역할은 직급에 따라 비대칭적이다. 이들의 관계는 나이, 경력, 또는 성별에 따른 권력이 개입된 관계이다. 선배는 회사에서 원하는 규율이나 개인의 규범을 회사의 규범이라고 말하며 막내를 훈육한다. 일터에서 폭력은 '친밀성'과 '애정'으로 정당화되고는 한다. 정당화는 개인들이 속한 사회 구성원 사이에서 승인된 문화 혹은 이를 규제할 법이 부재한 상황에서 만들어진다. 그래서 언어폭력, 성추행, 따돌림 등을 당하고도 막내라는 위치 때문에 이 상황을 감수하도록 한다.

낮은 급여와 투잡

이선홍(27세) 씨는 대학 졸업 후, 전공을 살려서 촬영보조로 일했다. 잦은 지방 출장과 밤샘 촬영으로 "출근은 있지만, 퇴근은 없는 삶"이었다. 드라마 촬영을 시작하면 무조건 정해진 분량을 촬영해야 일이 끝났다. 늦은 시간까지 촬영이 이어졌고 새벽 2~3시에 끝나면 숙소나 모텔, 찜질방에 가서 눈만 붙이고 다시 출근하는 일이 반복됐다. 선홍 씨가 받은 임금은

한 달에 120만 원이었다. 대학 졸업 후 영화제에서 일했던 나유연(33세) 씨도 당시 120만 원을 받았다. 근로기준법을 적용하면, 두 사람 모두 최저임금 미달에 연장·야간·휴일근로수당이 미지급된 경우였다.

방송, 문화예술 분야에서 장시간 노동을 하면서 저임금을 주는 관습을 '열정페이'라고 부른다. 열정페이는 경력이 부족하고 좋아하는 일을 하기 때문에 돈을 조금만 지급해도 된다는 생각에서 나온 것이다. 무보수 인턴도 여기에 해당한다. 과거에는 특정 직업군에서만 이루어지던 관례가 이제 일터 전 영역에서 벌어지고 있다. 인터뷰할 당시, 퇴사자들에게 처음 일을 시작했을 때 받은 월급을 적어달라고 했다. 이들의 첫 직장 평균 월급은 146.9만 원이었다. 100만 원 미만인 경우도 많았다. 이들 사이에서 하나의 특징을 발견할 수 있었는데 연령이 낮을수록 임금이 낮았다. 이런 경제적 취약성을 보완하기 위해 청년들은 동시에 다른 일을 구해야 했다. 낮게 책정된 임금 구조에서 기인한 문제를 개인은 더 많은 노동으로 채우고 있었다.

윤지 씨(19세)는 회사에서 경영지원 업무를 하면서 160만 원을 받았고, 주말에는 웨딩홀 아르바이트를 했다. 윤지 씨가 생각하기에 또래 친구들과 비교해보면, "180만 원 정도면 조금 센 곳이고, 200만 원 정도면 들어가고 싶은 곳"이라고 했다. 윤지 씨의 첫 직장은 콜센터였다. 입사할 때 월급으로 140만 원을 약속받았지만, 휴일을 제외한 일한 날짜만 계산한 이상한 셈법으로 실제 통장에 들어온 돈은 54만 원이었다. 두 번째 직장에서는 160만 원을 받았다. 이직하면서 임금이 상승했지만, 명절 상여금이나 인센티브가 없었고 잦은 야근에도 야근수당을 받지 못했다. 주 5일 동안 하루 10~12시간 이상 일하면서 160만 원을 받은 셈이다. 나머지 생활비는 주말 아르바이트로 채웠다.

영어유치원 담임교사를 했던 오은미(26세) 씨는 한 달 월급이 150만 원이었고, 퇴근 후에 과외를 했다. 4년제 대학을 나왔지만 경력이 부족하다는 이유로 150만 원을 받았다. 영어유치원 원아 1인의 한 달 등록비였다. 김도영(22세) 씨도 낮에는 자동차 선팅을 하고, 밤에는 대리운전을 했다. 박민지(20세) 씨는 사무직으로 일하면서 고깃집에서 아르바이트를 했다. 이들이 동시에 두 가지 일을 하는 이유는 적은 월급으로 생활하기 어렵기 때문이었다. 두 가지 일을 하는 사람들은 주간 노동량이 많았고, 과로로 인해 제대로 휴식을 취할 수 없다. 주된 일터에서 야근이라도 할 경우, 아르바이트에 지장이 생기기도 했으며 오랫동안 두 가지 일을 하는 것에 버거움을 느꼈다. 적은 수입과 고용 불안이라는 구조적 문제로 인해 발생한 문제를 청년들은 개인이 더 많은 노동을 하는 방식으로 해결하고 있었다. 경제적으로 취약한 위치에 놓일 수밖에 없는 상황이 결국 개인을 더욱 경제적으로 취약한 위치로 몰아가는 셈이다.

사회초년생이 일터에서 느끼는 불편함은 직장 내에서 낮은 직급에 속하거나 나이가 어리다는 이유로 선배나 상사가 동등한 동료로 대하지 않고, 미숙한 존재로 치부하거나 '가르쳐야 할 대상', '훈계해야 할 대상'으로 보는 것에서 기인한다. 그러나 직장에서는 나이 많은 상사가 나이 어린 직원에게 폭언과 군기 잡기 등을 하는 것을 '사회생활'의 일환이자, 선배가 후배에게 일을 가르치는 방법이라고 여기는 듯하다.

그러나 낯선 환경에서 처음 일을 하는 사람이 입사하자마자 업무에 능숙할 리 만무하며, 동료를 하대하는 문화는 평등한 일터로 가는 데 방해가 된다. 또한, 미숙하므로 임금을 적게 줘도 된다는 관습은 사회초년생들에게 투잡을 강요하거나 이직을 고려하는 계기가 된다. 하지만 이직을 하기 위해서라

2장_ 수상한 노동 세계

도 경력이 필요하다. 경력을 쌓기 위해 저임금, 위계적이고 폭력적인 조직문화, 고된 노동환경 등이 부당하다고 느낄지라도 참아내고 있었다.

'일 잘하는 사람'

일은 노동을 통해 수입을 벌어들이는 것 이상의 의미를 지
닌다. 사회변화에 따라 일의 의미와 노동윤리도 변했다. 한
국노동연구원이 1993년에 발행한 『노동문화연구(Ⅰ)』에서는
1960~1970년대 노동자는 "헌신적으로 무작정 열심히 일만
하였다"고 기록하고 있다. 당시에는 노동자가 조직화되지 못
한 상태였고, 고용 안정성이 취약하더라도 그에 대한 정당한
대가를 요구할 수 없었다. 노사관계 또한 대등한 관계라기보
다 기업이 노동자를 보호대상으로 보는 일종의 '가부장적 노사
관계'였다. 이러한 관계는 산업발전주의 기조를 통해 국제경쟁
력을 향상시키고자 했던 당시 국가정책과 산업환경에서 유지
되어왔다. 그렇기에 저임금에도 불구하고 노동자들은 '일자리'

2장_ 수상한 노동 세계

자체를 유지하기 위해 일했던 것이다. 이때의 노동윤리는 "근면, 성실"이었다.

1980년대에 들어서, 한국은 비약적인 경제성장을 이루었고, 소득도 급격하게 높아졌다. 이때 노동자들은 주어진 '일'을 하는 사람에서, 능동적으로 일을 선택하는 사람으로 변한다. 일의 의미에 대해 질문을 던지기 시작한 것이다. 이러한 태도의 변화는 노사관계에 영향을 미쳤다. 1980년대부터 3D 업종의 인력난이 시작됐으며, 구직자들은 3D 업종을 기피하기 시작했다.

흥미로운 점은 1994년에 나온 후속 보고서 『노동문화연구(Ⅱ)』에서, 기업이 일하는 사람에게 새로운 비전을 제시해야 하고, 기업의 성장과 노동자의 승진 가능성이 함께 가야 한다고 제안했다는 점이다. 또 직장 분위기가 경직되면 일하는 사람들이 긴장하고 불만이 높아지기 때문에 인간관계에도 신경을 써야 한다고 적고 있다. 인격적인 대우와 상호 신뢰를 기반으로, 능력에 맞게 일을 배치할 것을 제안하며, 충분히 여가시간을 보낼 수 있도록 조기출퇴근 제도를 도입해야 한다고 주장한다. 25년 전에 제안한 이 주장들이 오늘날 얼마나 일터에서 현실화되었는지 생각해보면, 한국의 일터는 대부분 여전히 과거에 머물러 있다 해도 과언이 아니다.

한국은 단기간에 산업과 노동구조 변화를 경험했고, 특히 1990년대 후반에 경험한 외환위기는 일하는 사람에게 또 다른 주체가 될 것을 요구한다. 그렇다면, 1990년대를 지나 2020년을 맞이하는 오늘날, 사람들의 일하는 형태나 조직에서 요구하는 노동자의 상은 얼마나 달라졌을까.

조직에서는 '일 잘하는 사람'이 들어오기를 바라고, 청년도 '일 잘하는 사람'이 되기를 바란다. 모두가 일을 잘하는 것이 개인이나 조직에 이로운 것이라고 생각한다. 하지만 조직에서 바라는 인재상과 개인이 생각하는 인재상 사이에는 간극이 존재한다. 청년들이 생각하는 '일 잘하는 사람'이란, 일에 대한 이해도가 높고 업무를 효율적으로 처리하며 동료와의 협업, 소통에 뛰어난 사람이지만 일터에서는 여전히 회사를 위해 헌신하거나 희생할 수 있는 사람을 '일 잘하는 사람'이라고 평가한다. 이 둘 사이의 간극은 조직에서 갈등의 원인이 되기도 하고, 퇴사의 이유가 되기도 한다.

자리 오래 지키기

일터에서는 정해진 업무시간보다 더 오래 사무실에 있는

사람을 회사에 기여하거나 일 잘하는 사람이라고 평가하는 문화가 있다. 일터에 오래 있다고 해서 업무 효율성이 높아지거나 성과가 나는 것은 아님에도 불구하고, 자리를 오래 지키는 것을 미덕이라고 여긴다. 그러다 보니 일이 끝나도 퇴근을 못하거나, 법적으로 주어진 휴가나 휴식마저 제대로 사용하지 못한다. 제도적으로 휴식이 보장된 곳에서도 '눈치'를 보느라 쉬지 못하며, 노동을 신성시하고 휴식을 터부시하는 문화는 과로사회를 유지하는 데 일조한다.

중소기업 경영지원팀에서 일했던 최하나(20세) 씨는 구매, 회계 업무를 주로 전담했다가 전산 업무를 맡았던 사람이 퇴사하면서 그 업무까지 맡게 된다. 전산 업무는 사내 컴퓨터 고장이나 전산 문제를 모두 포괄한다. 100대가 넘는 컴퓨터를 관리하는 셈이다. 한 사람의 컴퓨터가 고장나면, 문제가 해결될 때까지 업무가 끝나지 않는다. 그러다 보니 계획했던 업무는 점점 뒤로 밀리게 된다.

제가 입사하고 나서 야근을 정말 많이 했거든요. 야근도 하기 싫고, 저희 회사 특근비가 원래는 1.5배 줘야 하는데 저희는 안 줘요. 주말에 출근하면 4만 원 받아요. 아르바이트보다 못 받아요. 반나절 하면 2만 원. 그럴 거면 출근을 아예 안 하죠. 그래서 주말에 출근도 안 하고, 야근도 안 하는 편인데. 진짜 중요한 일을 내일까지 해야 할 때가 아닌 이상 야근 잘 안 했어요. 제가 전산 때문에 시간을 너무 많이 잡아먹고, 계획하는 걸 못하고 있다고 하니까, 팀장이 "너 저번 달에 근무시간 얼마 나왔더라" 이러는 거예요. 근무시간을 가지고 사람을 급을 내서 평가하는 게 너무 어이가 없는 거예요. 하루 근무시간 9시간이 정상이에요. 한 시간 연장하니까. 그런데 그 정도 나오면 "얘는 노는구나" 하는 거예요.

_최하나

하나 씨가 업무 조정을 요구할 때, 상사는 야근하지 않으면서 왜 업무가 부담이라고 말하는지 이해하지 못했고, 열심히 일하지 않는 사람으로 취급했다. 업무가 늘었지만 하나 씨는 야근을 하고 싶지 않았다. 야근에 대한 정당한 보상이 이루어지지 않고, 아무도 야근에 대한 공로를 몰라주기 때문이다.

히노 에이타로는 『아, 보람 따위 됐으니 야근수당이나 주세요』에서 하나 씨와 유사한 사례를 일본 청년들의 모습에서 보여주고 있다. 오늘날 일본의 청년들이 '보람'을 강조하던 조직

2장_ 수상한 노동 세계

문화를 거부하고, '야근수당'을 요구하기 시작했다는 것이다. 히노 에이타로는 과거 회사와 개인의 삶을 동일시하는 현상을 '사축'이라고 부르며, 회사는 곧 가족이고, 이를 위해 헌신하고 희생하는 것을 당연하게 여기는 사람을 '사축인간'이라고 부른다. 그는 일본 사회에서 어떻게 '사축인간'이 만들어졌는지 다음과 같이 설명한다.

경제가 무럭무럭 성장하던 시대에는 사축이 되어 회사에 헌신하고 회사와 자신을 동일시하면서 인생을 설계하는 것도 나름대로 합리적이었다. 회사의 무리한 명령에 따라야 하긴 했지만, 그 덕분에 내 집을 마련하고 가족을 부양할 수 있었던 것도 사실이다. 설령 사축이라 할지라도 그럭저럭 행복했던 시대였다. (…) 사축이 되어 회사에 헌신하려는 가치관만은 이 고용 시스템이 붕괴된 뒤에도 남았다. 회사가 사원의 평생을 보장해주지 못하는데 회사를 위해 인생을 전부 바칠 기세로 일하는 사람이 지금도 아주 많다.

_히노 에이타로, 『아, 보람 따위 됐으니 야근수당이나 주세요』

사축인간이란, 과거 종신고용과 연공임금이 보장되던 고용

시스템에서 만들어진 주체이다. 회사에 헌신한 만큼 경제적 보상을 받을 수 있었고, 그것은 가족을 부양하는 데 크게 이바지했다. 그러나 1990년대에 일본의 거품경제가 붕괴하고 구조조정이 일어나면서 기존의 고용 시스템은 불안정해진다.

한국에서도 1997년과 2008년 두 차례 금융위기를 맞이한다. 국가와 기업은 경제위기를 극복하기 위해 노동자를 대량 해고하고, 노동 유연화 정책을 통해 불안정한 일자리를 양산했다. 2000년 이후에는 기업의 통폐합이 빈번하게 이루어졌고, 금융자본을 통한 경제성장이 가속화되었다. 조직은 급변하는 경제 시스템에 맞춰 유연한 조직으로 변해야 했다. 그러나 조직이 변하고, 그 사이 세대가 바뀌었지만 변하지 않은 것이 있었다. '사축인간'으로 대표되던 시기에 노동자에게 요구했던 문화들이다.

성장, 인정 그리고 과로

이곳에서 일하는 사람들이 자기 일을 너무 사랑하는 거예요. 그리고 책임감이 정말로 강한 사람들이었어요. 겉보기에도 힘들어 보였는데 일을 제대로 하는 사람들처럼 보였어요. 그

런 집단을 찾기가 굉장히 힘들잖아요. 그래서 차라리 일한다
면, 이런 데서 일하고 싶다는 생각이 강했어요. 굉장히 멋있
고. 굉장히 강렬했어요. _장가을

항상 무리하는 사람이 회사에서 인정받고, 회사에서 잘할 거
라는 분위기가 있잖아요. 여기서 인정받기 위해서는 당연히
무리를 해야 하는 거예요. 야근이나 이런 것도 당연시하고
의심하는 게 이상한 것 같고. _고상철

기회가 닿아서 스포츠 기업에 왔었는데, 스포츠에 대한 꿈이
확실하게 있었고, 나는 마케팅을 해야겠다는 생각이 있었기
때문에. 그 일을 잘해보려고 계속 무리했던 것 같아요. 무리
하다 보니까 그 무리가 내 스트레스가 되고. 근데 그 무리가
또 아니었으면 내가 이만큼 성장할 수 없었던 것 같고.
　_강민우

　장가을(28세) 씨는 일을 잘하고 자기 일에 열정적인 사람이
롤모델이었다. 취직을 할 때도, 책임감을 가지고 열심히 일하
는 선배들의 모습에 반해 지원했다. 야근이 많아 회사에서 마

련해준 기숙사에서 살기도 했지만 일이 재밌었고, 무언가 배우는 기분이 들기도 했다. 그런데 2년 정도 지났을 때, 구조적 한계가 보이기 시작했다.

가을 씨는 '일 잘하는 사람'이 되어 경력을 쌓아가고 싶었지만, 현실에서 그 모습을 따라가기란 어려웠다. 자기착취와 희생 없이는 불가능했기 때문이다. 특히 스타트업계 특성상 바로 피드백을 해야 했고, 실시간으로 피드백을 반영해서 결과물을 내놓아야 했다. 회사가 성장하고, 안정적으로 자리 잡기 위해서 선배들이 희생했고, 그다음 차례가 본인이라는 것도 알고 있었다. 하지만 선망했던 '워커홀릭'의 삶은 소진된 삶의 다른 이름이라는 것을 깨닫는 데 오래 걸리지 않았다. 앞으로 몇 년을 지금처럼 계속 무리하면서 살 수는 없었다.

상철(31세) 씨와 민우(33세) 씨는 일을 통해 개인이 성장하고, 조직에서 인정받을 수 있을 거라고 기대했지만 결국 과로와 소진된 삶을 마주했을 때, 혼란을 느꼈다. 그러면서 기존의 조직문화와 다른 방식으로 조직생활을 기획하고 꿈꿨다. 두 사람은 창업을 기획하기도 하고, 조직에서 일할 때도 열정적이고, 진취적이고, 창의적인 사람으로 자신을 바꾸고자 했다. 하지만 그 새로움이란 결국 자신을 '갈아넣어야'만 가능해지는 것이었다.

이렇게까지 일을 해야 하는 건가요? 다들 행복해지고 싶고, 잘 먹고 잘 살기 위해 일을 하는 건데요. 물론 자신의 능력치를 보여줘야 하는 건 맞다고 생각해요. 저도 에너지를 끌어다 써서 능력치를 만든 사람이니까. 이해는 하지만 개인의 희생을 반복하게 하는 사회는 아닌 거라 생각했어요. 그런데 이 나라는 개인의 희생을 강요하면서 컸다는 게 딱 그 표현인 것 같아요. 어떻게 보면 경제개발 5개년 계획 시기, 그때는 계속 주가도 성장하고 우리나라 성장률이 계속 올라가고 올라갈 수 있는 기간이었으니까요. 내가 열심히 한 만큼 많이 벌 수 있었고 노력한 만큼 국가가 성장하는 느낌, 이거에 희열을 느꼈던 시기였다고 생각하거든요. IMF 맞은 다음에는 좀 혼란스러운 시기도 있었지만 어쨌든 개인의 희생을 강요하는 게 전통이 되어버렸어요. 그게 모든 업계에 통용이 되어 있어요. 착취, 어떻게 보면 노동 착취. (…) 이전 세대의 목표는 '잘 먹고 잘 살자'였어요. 지금 우리는 어떻게 보면 그분들이 만들어놓은 거 덕분에 잘 먹고 잘 살았어요. 그런데 잘 먹고 잘 사는 거는 이제 기본이 되어버렸죠. 플러스

알파를 원하는 시대가 온 거죠. '재미있어야 해. 내가 하고 싶은 거를 해야 해.' 배부른 소리라고 할 수 있겠죠. 그렇지만 시대가 바뀌었고 앞으로 더 그렇게 될 거예요. _임태화

임태화(31세) 씨가 말하듯이, 오늘날 청년 세대에게 일이란 '플러스알파'의 의미가 부여되는 것이다. 단순히 먹고사는 것의 문제를 뛰어넘은 사회에서 태어나고 자란 세대이기 때문이다. 태화 씨는 학창 시절부터 취업 후 퇴사를 하기까지 한쪽에서는 개인의 개성, 특기, 고유성을 보여달라고 요구받고 다른 쪽에서는 안정적이고, 평범한 삶을 살라고 요구받는 딜레마를 경험했다.

그 과정에서 아무리 하고 싶은 일을 찾더라도 또다시 '대기업'이나 '공무원'과 같은 안정적인 직업군을 요구하는 사회적 분위기 속에서 개인은 좌절을 경험할 수밖에 없다. 늘 시도와 실험을 할수록 사회적으로 요구하는 일에 대한 기준치는 높아지고 개인은 상대적 박탈감을 반복하게 된다. 그럴수록 노동시장에서는 점점 배제되는 것 같고, 일터에서도 쓸모없는 존재가 되는 것에 대해 불안감을 느낀다.

태화 씨는 회사에서 전문성을 쌓고 싶었다. 업무에서도 인

정받고 싶었다. 하지만 그러기 위해서는 자신을 희생해야 했고, 장기적 전망을 발견할 수 없었다. 조직 규모가 작아서 높은 생산성을 내기 위해서는 한 사람이 여러 명의 몫을 감당해야 했다. 경제적으로 고수익을 내기 어려운 단계에서는 구성원들이 저임금의 고강도 노동을 감내한다. 따라서 청년들은 사축인간이 되어 높은 생산성과 헌신적인 태도를 보이도록 강요받지만, 실제로 경제적 보상이 부족하고 회사를 자신과 동일시하지 않는다. 또한, 일터에서 소속감을 잘 느끼지 못하며, 헌신을 강요하는 문화에 부담을 느꼈다.

쓸모 있는 사람 되기

일터에서 일 잘하는 사람을 원하고, 일 잘하는 사람이 되고 싶은 마음이 커질수록 내가 조직에서 쓸모없는 사람이라는 불안감을 느낀다.

제가 음… 일하면서 그 사업장에 약간 도움이 안 되고 폐가 됐을 때 그때 좀 자괴감이 들어요. 서툴 수도 있는데 저는 그게 싫더라고요. 저도 잘하려는 마음이 큰데. 처음에 남들보다 느리게 배우는 편이지만 느리게 배우면 저는 좀 그래요. 그게 좀 스트레스더라고요. 내가 여기에 도움이 못 될까 봐.

_김재일

일을 배우는 속도가 남들보다 느려서, 처음 하는 일을 배울 때 스트레스를 받는다는 재일(21세) 씨는 20대 초반에만 직장을 여러 번 옮겼다. 그리고 일이 능숙해지기까지 업무처리에 대한 부담감을 느끼고 있었다. 한곳에 오래 있어야 숙련도가 늘지만, 재일 씨가 들어가는 곳마다 가장 나이가 어렸고 상사들끼리의 잦은 다툼이 원인이 되어 일터를 자주 바꿔야 했다. 그때마다 재일 씨는 스트레스를 받았고, 자신의 더딘 학습 속도에 더 중압감을 느꼈다. 재일 씨에게 일터에서 쓸모 있는 사람이 된다는 것은 다른 사람으로 대체되지 않는다는 것을 의미했다.

소희(29세) 씨는 일을 구할 때 자신이 쓸모 있는 존재가 되기를 바랐다. 그러나 일터에서는 "너 말고도 일할 사람 많다"라는 말을 자주 들었다. 서비스직 경험이 있는 다른 사람들도 상사로부터 유사한 말을 자주 들었다. 그런 조직은 수시로 동료가 해고되거나 바뀌었고, 본인도 그렇게 될 수 있다고 생각했다. 그럴수록 일을 잘해야 한다는 압박은 커졌고, 작은 실수에도 자책감을 느꼈다.

청년들은 일터에서 "쓸모 있는 사람"(권소희)이나, "민폐를 끼쳐서는 안 되는"(김재일) 사람, "워커홀릭"(장가을)이 되고 싶어 했다. 그러기 위해서 "무리한 노동"(고상철, 강민우)을 감수하고 인정받고 싶어 했다. 때로는 본인의 의지로 인해, 실적 압박을 견디며 노력한다. 이 사이에서 청년들은 갈등을 경험하기도 하고 일 잘하는 사람이 되기 위해 부단히 노력하지만 개인의 노력으로 불가능하다는 것을 깨닫고 포기한다.

자신의 '쓸모'를 보여주기도 전에 해고당하거나, 단순 업무만 반복하거나, 모두가 꺼리는 위험한 업무에 배치될 때. 조직에서 자신을 구성원이 아니라 소모품처럼 대할 때. 회의감을 느낀다. 또 아무리 청년들이 일터에서 지속가능한 삶을 기획하고, 가치를 실현할 마음으로 들어간다고 할지라도 너무 변하지 않은 직장 내 관습과 관례로 인해 청년들은 기대를 접는다. 단기적인 성과와 회사 자체의 존폐위기, 불안과 인정 없음과 과로를 요구하는 분위기에서 일을 통해 자아실현을 하기보다 적당히 부속품이 되어 소모되다가 결국 버려진다고 느낀다.

'동료' 없는 조직과 경쟁문화

일터에서 경험하게 되는 소외는 일로부터의 소외도 있지만, 관계로부터의 소외도 있다. 동료나 상사와 원활한 관계가 형성된다면, 문제가 발생했을 때 함께 해결하는 과정에서 성장을 경험하고 일터 바깥에서는 삶의 지지자를 얻게 된다. 하지만 '동료'를 만나는 일은 점점 어려운 일이 되고 있다.

성과에 대한 압박이 강한 조직이나 업무량이 많은 조직은 동료를 경쟁자로 만든다. 상사와 성과에 의해 동료끼리 비교 대상이 되는 것이다. 성과 압박은 성별을 불문하고 이루어지지만, 남성들에 비해 여성이 더 힘듦을 토로하는 경우가 많았다.

실수를 조금만 해도 그 실수가 너무 큰 거예요. 그 사람들한 테는. 처음인데 처음이면 그럴 수 있다는 게 아니라 "쟤는 하는데 너는 왜 못하냐"는 식이었어요. 저를 좀 창피한 사람으로 만들었던 것 같아요. 근데 그게 반복되다 보니까 저를 자책하게 되고 집에 가서 생각하게 되고 일 끝나고도 생각해야 하고. _이지혜 대학을 졸업하고 병원 원무과에 취직했던 이지혜(27세) 씨는 수습기간 3개월 동안 스트레스를 많이 받았다. 작은 실수에도 환자들이 보는 앞에서 소리를 지르거나 화를 내는 "불같은 사람"이 상사였기 때문이다. 상사는 지혜 씨의 무능함을 꾸짖으면서 무시하고, 동료들과 비교했다.

영미(28세) 씨도 다른 신입과 자주 비교당했던 경험이 있다. 그럴수록 위축됐고, 선배들에게 인정받기 위해서 요구하는 일이라면 무슨 일이든 했다. 상사는 사이가 안 좋은 사원에게 해야 할 말을 제일 어린 영미 씨에게 전달하도록 지시했고, 영미 씨는 조직 내 갈등의 희생양이 되었다. 영미 씨는 편안한 분위기에서 직장에 적응하기보다 긴장 속에서 안절부절못한 채 신입 시절을 보냈다. 사회생활이 처음이고, 나이가 어리기 때문에 견뎌야 한다고 생각했지만 매일 아침마다 동생을 붙잡고 회사에 가기 싫다고 이야기하고, 퇴근 후에도 매일 울었다.

영미 씨와 지혜 씨의 사례처럼 우열을 나누는 것은 대개 상사들의 비교 발언이나 선배들의 평가에서 시작한다. 입사한 지 얼마 안 돼서 조직이 낯설고 잘 적응하고 싶은 마음이 큰 이들에게, 상사의 지속적인 차별은 동료에 대한 '승부욕'과 '열등감'이라는 복잡한 감정으로 이어진다. 이 감정은 동료를 이기고 상사에게 잘 보여야겠다는 경쟁심보다, 두려움의 측면이 더 강하다.

> 상사들이 좀 압박도 심하고 몇 콜밖에 못 받았다고 하고. 팀장님이 옆 팀은 이렇게 많이 받는데 너희는 못 받냐고 이런 식으로. 분명 같은 동기인데 경쟁자가 되어 버린. 한순간에. 팀끼리 경쟁자가 돼서 너 몇 콜 받았냐고 대화할 때 물어보고. _박민지

박민지(20세) 씨는 콜센터에서 일했다. 회사에 쉬는 시간을 늘려줄 것을 요청했지만, 상사는 민지 씨와 친구의 실적을 비교하며 의견을 무시했다. 민지 씨는 친구와 비교를 당하면서까지 다닐 필요가 없다고 생각했고, 친구와 함께 짐을 챙겨서 "저랑 제 친구는 오늘 여기까지 하고 가겠습니다"라고 말하고 나왔다. 부조리한 상황이나 노동환경에 대해 개선을 요구했을 때, 받아들여지지 않으면 개인이 취할 수 있는 선택은 참거나 나오는 것이다. 민지 씨는 고된 환경보다 동료와 친구를 경쟁자로 몰아가는 분위기를 참을 수 없다고 했다.

차별하는 사람은 그 발언을 '독려'라고 생각하거나, 별생각

없이 내뱉는 말이라고 여기지만, 차별을 경험하는 사람은 자신이 그 조직에서 '일 못하는 사람'이나 '민폐 끼치는 사람'이 돼서 쫓겨날 수 있다는 두려움을 느낀다. 동시에 상사에게 잘 보이거나 상사의 요구를 수용하는 일들은 일종의 '사회생활', '조직문화'에 적응하는 일이라고 생각한다. 비록 그 문화가 폭력적이고 차별적이더라도, 사회초년생들은 자신이 첫 직장에서 적응하지 못하면 다른 어느 직장에 가더라도 적응하지 못할 거라고 생각했다.

그리고 동료와 경쟁상황에 처했을 때, 자신의 무능함을 자책하거나 모욕감을 느끼는 심리적 자상을 경험한다. 상사나 조직에 문제를 제기할 수 없으며, 문제제기할 경우 업무능력이나 근무태도 등이 공론화되는 상황에 놓인다. 실적과 성과를 강조하는 조직에서 개인은 더 높은 실적을 내야 발언권을 얻을 수 있다고 믿는다. 실적에 따라 등급이 나뉘고, 발언권도 제한된다. 또 다른 서열과 계급화가 조직 내에서 이뤄지는 것이다.

한편, 소규모 사업장일수록 동료 관계를 형성하기 어렵거나 스스로 차단하는 경향이 있다.

같이 일하는 사람들은 다 좋았던 것 같거든요. 같은 팀이었던 사람도 그렇고 다른 팀 사람들도 그렇고. 다만 2년이 지난 후에 제가 회사생활을 유지하기 위해서 더 까칠한 사람이 되어야 한다는 생각이 들었어요. 그렇게 해야지만 조금이라도 빨리 퇴근을 하고 내 일이 줄고, 내 시간을 가질 수 있는 상황이기 때문에. 그런 사람이 되어버렸고 그게 계속 유지될 것 같았던 거죠. 회사를 그만둘 때까지. _강민우

스포츠업계에서 일했던 민우(33세) 씨는 실적 압박을 많이 받았다. 일할 사람이 적기도 했고, 자신이 일을 잘 수행하는 만큼 개인의 성장도 함께 갈 것이라고 여겼기 때문이다. 그런데 상사의 잦은 의사결정 번복과 짧은 기간 내에 큰 행사를 진행해야 하는 업무가 많아지면서 점점 방어적으로 변하는 자신을 발견했다고 한다. 업무가 줄지 않은 상태에서 동료에 대한 지속적인 호의는 서로 이루어져야 가능하다. 하지만 시간이 흐를수록 자신이 동료의 일을 대신 맡아서 하는 경우가 늘었고, 그만큼 쉬는 시간이 줄어들고, 퇴근할 수 없는 상황으로 이어졌다.

민우 씨는 어느 순간부터 자기 시간을 빼앗긴다고 느꼈다. 일방향적인 배려에 지쳤고, 자신도 모르게 동료와 거리를 두기

2장_ 수상한 노동 세계

시작했다. 그럴수록 자신이 나쁜 사람이 되어가는 것 같았다. 그런데 이는 업무 분배가 제대로 이뤄지지 않고 한 사람이 여러 사람 몫을 감당하는 데서 발생한 문제였다. 구조적인 문제가 관계에 영향을 미친 것이다.

한편, 소규모 사업장에서 일하는 사람들은 애초에 동료를 만날 기회 자체가 생기지 않는다. 5인 미만 사업장에서 일했던 김윤지(19세) 씨는 사장, 과장, 대리와 함께 일했다. 사장과 과장은 사무실에 자주 들어오지 않고, 대리는 재택근무를 해서 입사한 지 8~9개월 만에 처음으로 대리를 보았다.

반 년 넘게 저 혼자 있었는데 그게 되게 외롭기도 하고, 실수할 때도 있으니까 스트레스는 스트레스대로 있고, 털어놓을 데는 없고. 업무량이 많아서 친구들한테 메신저 할 시간은 없고. 혼자 그렇게 쌓다 보니까 되게 우울증 비슷하게, 피폐해져서. 저 스스로 예민해져 있다는 게 느껴지더라고요.

_김윤지

윤지 씨는 사장, 과장, 대리가 어떤 일을 하는지 모르고, 그들도 자신이 어떤 업무를 하는지 잘 모른다고 했다. 업무는 주로 과장이 매일 '던져주면' 처리해야 했고 그것을 못했을 때, 상사들끼리 메신저로 자신을 욕한다는 것을 알게 되면서 퇴사를 생각했다.

이처럼 청년들이 일터에서 동료를 찾지 못하거나 스스로 동료가 되지 못하는 이유는 조직 구조와 관련이 깊다. 성과와 업무 효율성을 강조하는 조직일수록 비교하는 평가 시스템이 당연한 것으로 여겨지기 때문이다. 이럴 경우, 부당한 일을 당하거나 어려움을 공유할 수 있는 집단으로서의 동료는 사라지고 경쟁자로서의 동료만 남는다. 또한 점점 분화된 노동 시스템과 인건비 절감으로 혼자 일하는 직종이 늘어나면서 동료를 찾기란 어려워진다.

노동조합이 있거나 노동조합의 힘이 강한 조직에서는 정당한 이유 없이 해고당하거나 부당한 일을 당했을 때 함께 해결할 수 있는 비결을 공유하고 쌓아갈 수 있다. 하지만 소규모 사업장은 물론 대규모 사업장에서도 노동조합에 가입할 경우 징벌적 처우를 내린다. 대기업에 입사했던 나유연(33세) 씨도 노동조합에 가입한 후 권고사직을 당했다.

일터에서 업무가 파편화되고, 성과에 따라 경쟁을 부추기는 문화가 생기면서 동료 관계를 형성하거나 노동조합을 만들

2장_ 수상한 노동 세계

어서 조직을 변화할 가능성이 점점 낮아지고 있다. 청년들이 일하면서 겪는 어려움을 상의할 선배도, 동료도 없으며 오히려 자신을 괴롭히는 동료 때문에 퇴사를 고민한다. 일터에서 여러 한계를 마주할수록 '일이란 무엇인가?'라는 질문을 던지게 되고, 그 답을 일터를 떠나는 것에서 찾는다. 그렇게 예비 퇴사자로서의 삶을 준비한다.

3장

일신상의 사유

2019년 '취업포털 사람인'에서는 직장인 826명을 대상으로 사표 충동 경험에 대해 설문조사를 한 적이 있다. 응답자 중 86.6%는 사표 충동을 경험한 적이 있다고 답했다. '회사에 비전이 없다고 느낄 때'(27.1%), '연봉이 낮다고 느낄 때'(20.1%), '잦은 야근 등 격무에 시달릴 때'(9%), '상사에게 억울하게 혼날 때'(8%) 순으로 나타났다. 정리하면, 직장인들은 비전의 부재, 저임금, 고강도 노동, 직장 내 괴롭힘 등으로 퇴사 충동을 느낀다.

이 설문조사에서 '회사에 비전이 없다고 느낄 때' 사표 충동을 가장 많이 느낀다고 답한 것과 유사하게, 청년 퇴사자들이 가장 많이 꼽은 퇴사 사유도 '성장 가능성이 차단되었다고 느겼을 때'였다. 청년들이 조직에서 성장이 불가능하다고 느끼는 데는 크게 두 가지 이유가 있다. 하나는 저성장 사회에서 성장 가능성이 점점 더 줄어들 것이라는 산업구조적인 차원이 있고, 다른 하나는 조직 내에서 열악한 노동환경이나 의사소통, 결정 과정 등에서 변화 가능성이 차단됐을 때이다.

우선, 저성장 사회에서 경제활동을 시작한 청년들은 구조적으로 지속적인 수익 창출이 어려운 시대에 살고 있다. 과거 산업이 설비와 노동자에 투자해 생산성을 높이고 이윤을 창출하는 구조였다면, 오늘날 산업은 금융자본에 투자함으로써 이윤을 창출하는 구조이다. 이제 더 이상 노동자들에게 임금 상승과 승진, 사내 복지 같은 보상을 주면서 생산성을 기대하지 않게 된다. 물론 여전히 소수의 대기업 정규직에게는 그러한 보장이 제공된다. 때문에 취업준비자들은 고스펙을 쌓으면서까지 대기업 정규직으로 들어가려고 한다.

문제는 생활비용과 교육비용이 높아지면서, 취업하기도 전에 대출을 받으며 생활하는 청년들이 늘어났다는 점이다. 가족자원이 많은 경우에는 덜하겠지만 대학 등록금, 주거비용, 자격증 비용 등은 본격적으로 경제활동을 시작하지 않은 청년들에게 부담이 된다. 취업 이후에도 이를 보전할 만큼 임금을 받으면 좋겠지만 그렇지 못한 곳이 많다.

　한편, 기업에서도 사원들의 직급이 올라가고 거기에 따라 임금을 더 지불해야 하는 것에 부담을 느낀다. 기업은 경기침체, 경영위기를 이유로 청년의 임금을 볼모로 삼는다. 저임금을 지급하면서 2명 이상의 일을 해내기를 바란다. '이 위기를 함께 극복해야 한다, 이 조직의 주인은 너희들이다'라고 말하지만, 위기를 함께 극복하기에 청년들의 생활은 불안정하고, 주인이 되기에는 의사결정 과정에서 배제되어 있다.

　만약 조직에서 누군가 회사를 떠나려고 한다면, 조직을 먼저 돌아보아야 한다. 일, 관계, 환경에 대해 이야기를 자유롭게 나눌 수 있거나 변화의 가능성이 있는 곳인지 아닌지. 말로만 바뀌어야 한다고 말하면서, 여전히 조직문화를 앞세워 변화하는 건 위험하고 어려운 일이라고 생각하는 건 아닌지. 분명한 사실은 더 이상 변화 가능성이 차단된 곳에는 새로운 사람이 오지도 않을뿐더러 머무르려고 하지 않는다는 점이다. 그런 곳은 이미 고인 물이다. 고인 물에서는 사람도, 그 어떤 생명도 살아갈 수 없다.

'소진'과 '견딤'의 시간

임태화(31세) 씨는 대학에서 중어중문학을 전공하고, 언론사 인턴을 했다. 졸업할 무렵 코딩 동아리에 들어가면서 웹 개발 분야에 뛰어들었다. 졸업 후 스타트업 회사에 들어갔고, 비록 전공은 달랐지만 경력을 쌓으며 성장할 수 있기를 기대했다. 다른 스타트업 회사에 비해 근무 여건도 좋았다. 오전 10시에 출근해서 오후 6시에 퇴근했다. 하지만 개발 업무가 익숙하지 않은 태화 씨에게 주어진 일은 정해진 시간 내에 해결할 수 없는 것이었다.

그가 들어갈 당시 선배 개발자가 퇴사했고, 함께 일하던 동료도 갓 개발 분야에 뛰어든 "주니어"였다. 일터에서 성과를 내지 못하고, 능력이 없다고 느낄수록 퇴근 후에 공부와 업무를 이어갔다. 성장하는 길은 스스로 공부하는 길밖에 없다고 생각했다. "이끌어줄 사람이 없는" 상황에서 스스로 해결해야 하는 업무가 가중됨을 느꼈다. 시간이 지나도 노력이 성과로 이어지지 않았고, 답답함만 커졌다. 이런 생활이 반복되다 보니, 결국 소진된 상태를 경험하게 되었고, 그 상황이 또 스트레스로 작동했다.

청년들이 퇴사를 고민할 때, 중요하게 여긴 요소 중의 하나는 선배의 존재와 역할이었다. 선배의 삶이 자신이 희망했던 삶과 일치하지 않을 때 비전을 보지 못하거나 "선배처럼 살기 싫어서" 일터를 떠나기도 하지만, 대부분 선배가 없어서 퇴사하기도 했다. 한국의 노동 현장이 어떠한 방식으로 구성되고 있는지 보여주는 대목이기도 하다. 사회초년생들은 대부분 선배 대신 임원급 상사와 일했고, 직급과 나이에 따른 권력 관계로 인해 일을 배우기보다 던져진 업무를 혼자 배우며 해결하는 방식으로 일을 하고 있었다. 특히 중간관리자에 해당하는 30대 후반~40대를 일터에서 찾아보기 힘들다는 점은 기이할 정도였다.

청년들은 중간다리 역할을 해주는 선배를 필요로 했지만, 일터에서 찾기 힘들어했다. 선배를 경험해보지 못한 경우, 자신이 선배 역할을 해야 하는 시기에 어떻게 해야 할지 모르는 경우도 있었다. 이는 선배의 유무 문제만이 아니었다. 조직이 지속가능하기 위해서는 다양한 연차와 역할이 분배되어야 하는데, 청년들이 일터에서 경험하는 모습은 지시하는 자와 그저 수행하는 자만 있는 셈이다. 이러한 경우에 임원이나 상사를 모델로 보고 쫓기에는 간극이 크고, 성장 가능성이 차단되어 있다고 느끼게 된다.

태화 씨 또한 선배, 동료가 줄이어 퇴사하면서 대표가 선배역할을 하려고 했지만, 대표는 개발자가 아니었고 적절한 조언자가 되어주지 못했다. 그럴 때마다 태화 씨는 조직과 '괴리감'을 경험했다. 일에 대한 의욕은 점점 떨어졌고, 퇴사 직전에는 업무도 변경해보았지만 크게 달라지지 않았다.

아침에 일어날 때마다 '가기 싫다. 가기 싫다. 가기 싫다' 이러면서 계속 다녔어요. 그러다가 퇴사하겠다는 생각을, 아침에 출근할 때도 그런 생각이 없었거든요. 퇴사하고 싶은데 그걸 말로 하지 못하는. 이미 심신적으로 소진이 되어 있던 상태였다 보니까. 그냥 가서 진짜 토하듯이 대표한테 이야기를 하고 그 자리에서 울었어요. _임태화 대표는 상태가 심각하다는 것을 깨닫고, 태화 씨에게 휴가를 제안했다. 하지만 소진된 상태에서 그는 더 일할 동력을 잃어버리고, 퇴사했다.

퇴사를 알리는 신호, 소진과 단절점

소진과 퇴사의 경험은 삶을 다시 돌아보는 계기가 되기도 했다. 태화 씨는 삶에서 몇 번의 소진을 경험했다. 입시를 준비하면서, 수습기자 생활을 하면서, 그리고 일터에서. 그에게 소진이란 "바닥을 친다는 느낌"이나 "뭔가 문이 닫히건 내가 닫건, 다 포기해야겠다"는 생각이 드는 것이었다. 입시나 수습은 시험을 통과해야 하는 상황이기 때문에 극도의 긴장감을 느끼게 한다. 단기간에 잘해야 한다는 마음은 에너지를 고갈시키고, 소진으로 이어지기도 한다.

데이비드 프레인은 『일하지 않을 권리』에서 "일이 당연하고 피할 수 없는 운명이라는 생각이 깨지고 비판적 정밀 검토 대상이 되는 지점을 형성하고 촉발시키는 경험"을 "단절점"이라고 불렀다. 청년들이 일터에서 느끼는 단절점은 단순히 특정

시기의 일 경험에서만이 아니었다. 한국에서 자란 청년들은 대부분 청소년기부터 내가 하고 싶은 일, 좋아하는 일이 뭔지 진로에 대해 모색하기보다, 입시를 중심으로 짜여진 시험 문화에서 매순간 그 과정을 통과해야만 다음 단계로 넘어가는 삶의 방식을 학습한다. 그 과정에서 삶에 대한 고민은 늘 취업 이후로 지연되고, 막상 취업 후에 어떻게 살아야 할지 모르는 순간을 직면한다. 그때 단절점은 삶 전반에 대한 성찰을 야기하고, 이전의 경험을 비판적으로 돌아보게 되는 것이다.

따라서 어떤 사회에서 퇴사자가 늘어나고 있다면, 역으로 그 사회에서 노동자를 어떻게 길러내고, 어떤 환경에서 일을 하고 있는지 질문을 던져볼 수 있는 것이다. 이 질문은 퇴사자들에게 이미, 시작되고 있었다.

노동시간이 긴 한국 사회에서 노동자는 하루의 대부분을 일터에서 보낸다. 매일 출퇴근하고, 일하는 것을 당연한 숙명이라고 여기는 일 중심 사회이다. 그 과정에서 개인의 맥락이나 환경은 별로 중요하지 않게 되고, 조직을 중심으로 생활이 배치된다. 태화 씨는 회사에서 "직원이 성장하면 회사도 성장하고, 그러면 다시 직원도 성장한다"라는 식으로 비전을 제시하고 프로세스를 구축하는 과정을 기대했었다. 그러나 현실에서는 "사람을 톱니바퀴를 쓰듯 썼고 비전이나 성장 가능성을 제시하지 못했다." 이러한 경험이 누적되면서 태화 씨는 아무리 자신이 좋아하던 일이라도 그것이 꼭 행복으로 이어지지 않는다는 것을 자각하게 된 것이다.

그만두고 싶은 마음이 목구멍까지 차올랐지만 회사를 당장 그만두는 사람은 없었다. 직장 밖에서 해소 방법을 찾으면서 어떻게든 버텨보려 했다. 태화 씨는 일터에서 무기력감을 느꼈을 때 독서하고 글 쓰는 모임에 나가기 시작했다. "워크 라이프 밸런스를 키워서 워크(work)를 살리려고" 모임에 나갔다. 매일 글 쓰는 연습을 했고, "마음을 정리하는 시기"를 보냈다. 하지만 일터에서 근본적인 원인이 해결되지 않는 상황에서 일터 바깥에서 취미나 의미를 찾더라도 퇴사를 결정한 이유가 해소되는 것은 아니었다. 정영미(28세) 씨는 공부를 통해 삶의 의미를 찾고자 했다. 김윤지(19세) 씨는 친구관계에서 '회복'과 '위로'와 '에너지'를 얻고자 했다.

장시간 일하는 사람들은 휴식할 시간이 주어지지 않기 때문에 시공간의 제약이 덜한 소비에서 해소 방법을 찾았다. 소비를 통해 일시적 만족감을 얻었지만 다음 달에 지불해야 할 카드값과 공허함은 여전히 지속된다고 느꼈다. 일터에서 해소되지 않는 부분을 문화생활이나 음식을 소비함으로써 해소하려고 하고, 그것은 또 다른 소비와 경제력을 요구하고 노동과 소비의 고리는 계속 반복된다. 자기계발을 하든, 음식을 먹든, 운동을 하든 소비를 통하지 않는 방법을 찾기 어려웠다.

한편, 소진된 상태에 있는 사람들은 자신이 어떤 상태인지 깨닫지 못하는 경우도 있었다. 이들은 우울감, 무기력감, 위염, 어지럼증, 구토 등 신체적 증상으로 소진된 상태를 경험하고 있었다. 소진은 개인 차원에서 여러 증상으로 나타나지만, 그것을 유발하는 환경과 원인은 조직 차원에서 발생한다. 그리고 한 가지 요인 때문에 퇴사하는 경우는 드물었다.

합법적으로 직원을 내쫓는 방법

퇴사자의 다른 이름은 회사에서 쫓겨난 사람들이다. 직간접적으로 회사에서 쫓겨나는 경우도 '퇴사'로 둔갑한다. 회사에서 사람들을 내쫓는 방법은 다양하다. 저성과, 근태, 계약 위반 등을 이유로 쫓아낸다. 문제는 이 과정이 '합법'의 탈을 쓰고 이루어진다는 점이다.

2016년 1월 '공정인사 지침'과 '취업규칙 해석 및 운영에 관한 지침'이 발표됐다. 박근혜 정부가 추진한 이 지침은 '일반해고 정부 지침' 혹은 '합법적 해고 지침'이라고 부를 만큼 노동계를 뒤흔든다. 이 양대 지침은 2017년 9월, 문재인 정부 들어서 폐기되었다. 1년 8개월 만에 공식 폐기되었지만, 여전히 이 지침을 따르거나 관례적으로 적용하는 회사가 종종 보도되기도 한다.

공정인사 지침의 주된 골자는 글로벌 경쟁과 저출산, 고령화 사회로 전환되면서 저성장 기조가 지속되고 있으며, 이에 맞는 경영 전략과 적합한 인재를 양성해야 한다는 것이다. 여기서 핵심은 "채용－평가－보상－교육훈련－배치전환－퇴직관리" 등으로 이어지는 해고 시스템이었다.

근로기준법에 따르면 해고 사유에 따라서 해고를 세 가지로 나눈다. 징계해고, 통상해고, 경영상해고(정리해고)다. 징계해고란 노동자에게 귀책사유가 있는 경우에 해당한다. 통상해고는 부상, 질병 등으로 인해 노동자가 일신상의 이유로 일할 수 없는 경우이다. 정리해고는 경영상의 이유로 노동자를 해고하는 경우이다. 위에서 언급한 '합법적 해고 지침'이 문제가 되는 것은 통상해고에 "업무능력 결여, 근무성적 부진 등"의 항목을 추가했다는 점이다. 원래 해고란 정당한 사유에 의해 이루어져야 하는데, 이 항목이 추가됨으로써 경영자의 자의적인 판단만으로도 노동자를 해고시킬 수 있게 된 것이다.

기업의 구조조정이나 계약 종료, 합병 등에 따른 이유로 비자발적 이직을 하는 경우는 점점 증가하고 있다. 고용노동부에서 발표한 '2019년 6월 사업체 노동력 조사 결과'에 따르면,

2019년 6월 자발적 이직자는 27만 6천 명으로 작년 동월 대비 10.4% 감소했고, 비자발적 이직자는 49만 7천 명으로 작년 대비 11.1% 증가했다.

인사고과

능력주의를 시스템으로 구축한 것이 인사고과제도이다. 기본적인 근태부터 업무 성과까지 평가의 대상이 된다. 그러나 모든 일의 성과를 수치화할 수 없을뿐더러 수치화되지 않는 질적인 측정은 대부분 상급자의 평가에 좌우된다. 상급자의 권한이 커지는 만큼, 상사의 비위를 얼마나 잘 맞추느냐에 따라 인사고과에서 좋은 고과를 받을 수 있는지, 없는지가 결정된다. 최근에는 상향평가, 동료평가를 도입하는 조직도 있다. 팀원이 팀장을 평가하기도 하고 동료들끼리 서로 평가를 하기도 한다. 그러나 대부분의 조직에서는 관리자나 상사에 의해 이루어진다.

평가하는 사람은 합리적인 방법으로 평가를 한다고 생각할 수 있겠으나, 평가당하는 사람의 입장에서 인사고과는 부당함을 공적인 시스템으로 바꾼 것이라고 생각하기도 한다. 신뢰 관계가 없는 조직일수록 인사고과제도는 불공정한 것으로 인식했다. 장시간 일을 하며 회사에 헌신했는데 인사고과에 자신의 노력과 헌신이 공정하게 반영되지 않았다는 것에 좌절감을 느꼈다. 오히려 합리적이고 객관적으로 진행될 거라는 인사고과가 비합리적이고 주관적으로 진행된다는 것을 깨달았다.

나유연(33세) 씨는 대기업에서 3년 동안 일했다. 대기업에서 경험한 인사고과란 얼마나 부장의 비위를 잘 맞추는지에 달린 것이었다. 부장과 코드가 맞지 않거나, 술을 같이 마시지 않을 때 선배와 동기들은 낮은 고과를 받았다. 고과가 낮을 경우에는 암묵적으로 나가라는 것을, 고과가 높을 경우엔 앞으로 조직에서 더 성장시켜주겠다는 것을 의미한다. 두 차례 인사고과에서 낮은 고과를 받았던 선배와 동기는 그 뜻을 잘 알고 있었다고 했다. 고과를 낮게 받은 사람은 자연스럽게 퇴사를 했다. 인사고과에서 좋은 고과를 받은 사람은 일 잘하는 사람으로 대우받고 승진, 급여 인상 등의 보상도 따른다. 인사고과에서 안 좋은 고과를 받는 사람은 일 못하는 사람이 되며 간접적으로 퇴사를 종용받는다. 그래서 조직에서 특정인을 내보내고 싶을 때, 고과를 낮게 준다고 했다. 유연 씨는 조직에 잘 적응하는 사람들을 보면, 정말 일을 잘해서 성과를 인정받기보다 상사가 원하는 직장생활을 하는 경우가 많다고 했다.

인사고과에서 낮은 고과를 받고 퇴사한 경우도 있었다. 정인아(20세) 씨는 반도체업체에서 일했다. 막내였고, 처음 시작하는 일이었지만 열심히 해서 임원과 팀 사람들에게 예쁨을 많이 받았다. "너는 인사고과에서 결과가 좋을 거야"라는 이야기를 종종 듣고는 했다. 그런데 첫 번째 인사고과에서 인아 씨는 D를 받았다. 인사관리팀에서 연봉이 올랐으니 축하한다는 말까지 했는데 D라는 평가는 납득하기 어려운 것이었다. 연봉은 20만 원 올랐다. 그러나 그 금액은 최저임금이 인상되면서 오른 것과 크게 다르지 않았다. 연봉 20만 원 인상으로 세금이 늘었고, 실수령액은 150만 원이었다. 인아 씨는 인사고과와 연봉을 통해 회사에서 자신을 어떻게 평가하고 다루려 하는지 유추할 수 있었다고 했다.

인사고과 외에도 회사에서 사람들을 간접적으로 내보내는 방법은 다양하다. 인사발령(부서 이동, 지역 이동), 따돌림, 승진 누락, 직급 강등, 업무능력 향상 프로그램/저성과자 프로그램 참여 등이 있다. 또 노동조합에 가입할 경우, 탈퇴하도록 권유하거나 위와 같은 방법으로 괴롭혀서 내쫓는다.

앞서 대기업에서 3년 동안 일했다던 나유연 씨의 경우가
그랬다. 그는 신설 부서에 배치되었고, 정보량이 선배들에 비
해 많아 재량권이 높은 편이었다. 실적 압박도 비교적 덜했다.
입사 동기들이 같은 현장에 많이 배치돼서 선배들의 부당한 요
구에도 함께 대응할 수 있었다. 그렇게 순탄하게 회사생활을
하던 그는 갑자기 권고사직을 받게 된다. 노동조합에 가입했
다는 이유였다.

직장 내 괴롭힘

회사는 직장 내 괴롭힘을 방치하거나 조장하는 방식으로
사람을 내쫓기도 한다. 국가인권위원회는 「직장 내 괴롭힘 실
태조사」(2017)에서 직장 내 괴롭힘을 "직장 내에서 노동자의 신
체적·정신적 건강을 침해하여 노동자의 인간으로서의 존엄성
을 훼손하는 행위"라고 정의한다. 2019년 7월 16일부터 시행
되고 있는 '직장 내 괴롭힘 금지법(개정 근로기준법 제76조)'은 직
장 내 괴롭힘을 "사용자 또는 근로자가 직장에서의 지위 또는

관계 등의 우위를 이용하여 업무상 적정범위를 넘어 다른 근로자에게 신체적·정신적 고통을 주거나 근무환경을 악화시키는 행위"라고 정의하고 있다. 이처럼 직장 내 괴롭힘은 개인에게 심각한 고통을 야기하고, 괴롭힘의 행위자가 직책·연차·성별·연령 등의 권력을 지니는 경우가 많다.

그러나 그동안 한국에서는 대수롭지 않게 여기거나, 잘 드러나지 않는다는 이유로 은폐되어왔다. 연구 참여자들도 직접적으로 '직장 내 괴롭힘'을 언급한 경우는 드물었다. 하지만 여기에 해당하는 사건은 많았다. 그것이 괴롭힘인지 인지하지 못하고, 본인 탓으로 돌리거나 개인의 스트레스라고 생각했던 것이다. 권소희(29세) 씨는 팀장에게 지속적인 괴롭힘을 받았다. 팀장은 기안서 승인을 미루면서 계속 수정을 요구하거나, 업무에 대해 평가절하하는 발언을 자주 했다. 또 외부 일정을 마음대로 결정한 후에 통보하지 않아서 회의에 불참하게 만들고, 그 원인을 소희 씨에게 떠넘기는 등 "미묘하게 괴롭히는" 상황이 반복되었다. 결국 스트레스가 누적되면서 수면장애가 왔고 환청이 들리기까지 했다.

소희 씨 외에도 나이가 어리거나 직급이 낮은 여성들이 주로 직장 내 괴롭힘에 시달렸다. 상사로부터 지속적인 고성과

폭언에 시달리거나, 성추행을 당했다. 이들은 입사한 지 얼마 안 된 '신입'이었고, 직장 내에서 직책이 부여되지 않은 평사원이었다. 조직에서 나이가 어린 '막내' 위치에 있었다. 반면에 괴롭힘 행위자들은 팀장이나 이사라는 직책이 있었고 연령대도 높았다. 이러한 권력 차이는 부당한 요구를 거부할 수 없게 하거나 사소한 실수도 큰 잘못으로 만들어버리는 '위력'이 된다.

사용자는 노동자에 대한 안전배려의무가 있다. 노동자가 안전하고 건강한 환경에서 근무할 수 있도록 노동환경을 조성하고 정비해야 한다. 그러나 직장 내 괴롭힘에 대한 인식이 부족할 뿐만 아니라, 괴롭힘 행위자를 체벌할 수 있는 법도 없다. 수면장애를 겪고 환청을 들으면서도 회사에 다니거나, 울면서 또래 동료와 문제를 공유할 뿐이다. 회사에 공식적으로 도움을 요청하지 못하고 '참는 일'이 반복된다.

해고

인사고과나 직장 내 괴롭힘보다 직접적인 퇴출 방식은 해고이다. 회사의 해고 통보는 일하는 사람에게 어떤 식으로든 영향을 미친다. 그렇기 때문에 해고 절차가 존재하고, 쉽게 해고할 수 없도록 법으로 보호하는 것이다. 조직에서 '해고'를 한다는 것은 통보를 받은 사람뿐만 아니라, 해고 통보를 지켜본 동료들에게 특정한 효과를 불러일으킨다. 또한 부당해고를 당한 경우에도 개인은 회사를 상대로 협상하거나 보상을 받기 위해서 긴 시간을 보내야 한다.

출판기획사에서 일했던 김성환(33세) 씨는 입사 5개월 만에 갑작스러운 해고 통보를 받았다. 성환 씨는 상사였던 과장과 함께 A사에서 발주한 백서 제작을 위한 회의에 참석했다. 발표를 맡았던 과장은 A사로부터 부정적인 평가를 받았다. 성환 씨도 과장의 발표 준비가 부족하다고 느꼈다. 돌아오는 길에 성환 씨는 상사에게 "저쪽 의견을 수용해서 반영해야 할 것 같다"고 말했고, 상사는 그에 대한 답으로 "우리는 안 맞는 것 같다. 다른 곳을 찾아볼 시간을 주겠다"고 했다.

처음에 해고 통보를 받았을 때는 이렇게 그만둘 수는 없다고 말했지만, 점점 따돌림과 괴롭힘으로 출근이 어려워졌다. 회사 출입문 비밀번호를 바꿔서 출근을 못하게 막거나, 후임자를 채용하거나, 30분 단위로 업무일지를 쓰라고 강요를 했다. 성환 씨는 출판기획사에 들어가자마자 노동조합에 가입했기 때문에 노조의 조언을 받을 수 있었다고 했다. 하지만 회사를 상대로 싸우기란 쉽지 않았다. 상사로부터 "전에도 일을 하다가 손발이 안 맞아서 나갔던 일"이 있었다는 말을 들었고, 자신이 겪은 일이 이 조직에서는 특수한 일이 아니라는 것을 깨닫게 되었다. 오랜 싸움 끝에 결국 성환 씨는 퇴사했고, 그 시기를 "사람을 모래알처럼 깨부수는" 경험으로 회상했다. 퇴사 후에 성환 씨는 오랫동안 우울증을 겪었고, 오랫동안 취업 준비를 하기 어려웠다. 그때 경험이 트라우마로 남았기 때문이다.

블로그 마케팅 업무를 하던 박민지(20세) 씨는 들어간 지 일주일도 안 되었을 때 3~4명이 해고되는 것을 목격했다. 관리자는 계약서에 있는 업무를 못하면, 바로 해고했다고 한다. 또 자신과 안 맞는다는 이유로 해고하기도 했다. 민지 씨가 일했던 곳은 구인광고가 자주 올라오는 곳이었다. 월급제였던 곳이었으나 시급제로 바뀌었다. 갑작스럽게 바뀐 환경에 항의하는 사람은 해고됐다.

콜센터나 서비스 업종에서 최근 월급제를 시급제로 전환하고, 일하는 시간을 단축함으로써 인건비를 절감하려는 움직임이 있다. 또 계약서를 빌미로 업무상 이유로 해고하는 경우도 빈번하다. 반면에 노동자가 계약서를 내밀며 계약대로 노동조건을 이행하라고 요구하면 반영되지 않는다. 오히려 해고 사유가 된다. 근로기준법상 사용자는 정당한 이유 없이 노동자를 해고할 수 없으며, 노동 조건을 불리하게 변경할 때는 당사자의 동의를 받아야 한다. 하지만 사용자와 노동자의 권력 관계는 비대칭적이다.

민지 씨의 경우, 관리자는 "너희 아니어도 들어올 애들 많고, 더 잘하는 애들 많아"라는 말을 자주 했다. 이런 말은 자신의 지시에 따르지 않는 사람은 언제든지 쫓겨날 수 있다는 것을 암시한다. 관리자는 고용권한을 과시하며 노동자를 길들인다. 노동자를 훈육하는 방식은 그 사람의 능력을 하대하거나 무력화시키는 방식으로 이루어진다. 늘 대체 가능한 사람이라고 주입하고, 평가를 통해 동료 사이를 편 가른다. 그리고 해고를 통해 관리자나 사측에 우호적인 태도를 취하는 사람만이 계속 일할 수 있음을 보여준다.

일터에서 사람들을 쫓아내는 행태는 사업장의 규모를 막론하고 빈번하게 일어나고 있었다. 다만 사업장의 규모가 클수록 더 간접적으로 교묘하게 이루어지고 있었으며, 사업장의 규모가 작을수록 더 직접적으로 사람들을 내쫓았다. 사업장의 규모가 해고를 어렵게 만들거나 손쉽게 만들 수 있는 절대적인 기준이 되지는 않았다. 차이가 있다면 사업장 규모가 클수록 문제가 발생했을 때 세간의 주목을 많이 받게 되며 관리감독을 엄격하게 요구할 수 있는 명분이 생기기 때문에 그런 것이다.

반면에 사업장 규모가 작은 곳은 상시적인 해고가 일상적이며 당연한 것으로 인식할 만큼 노동법이나 노동정책에 대해 잘 모르는 경우가 많았다. 중요한 것은 어떤 곳의 문제가 더 심각한가를 따지기보다 우선 모든 사업장을 대상으로 노동법에 대한 교육이 시행되어야 하며, 합의되지 않은 해고가 개인이나 사업장에 미칠 수 있는 영향에 대해 인식할 필요가 있다.

"일신상의 사유로 퇴사하겠습니다"

지금까지 청년들이 퇴사하게 된 과정과 이유를 살펴보았다. 20~30대 청년 퇴사자들은 조직에서 상대적으로 어렸고, 경력이 없는 사회초년생으로 신입과 막내의 역할을 부여받는다. (예비) 퇴사자를 만나면서 발견한 점은 대부분 일터에 들어간 지 얼마 되지 않아 퇴사를 생각한다는 점이었다. 빠르면 3일에서, 느리면 1~3개월이 지났을 때부터 퇴사를 고민했다.

일을 시작한 지 얼마 되지 않았기 때문에, 혹은 신중하게 고민하기 위해 더 일하려고 했다. 일이 익숙해질 무렵에는 조직 시스템에 대해 깨닫게 되고, 프로세스와 동료와 선배의 부재로 어려움을 겪었다. 상사의 결정에 따라 모든 것이 바뀌고, 직장 내 위계질서가 견고해서 괴롭힘을 당하더라도 호소할 수 없고, 해고 통보나 불합리한 인사고과에도 발언권을 얻기 힘든 위치에 있었다. 그렇게 시간이 흘러도 경력을 쌓을 수 없고, 일도 배울 수 없다는 것을 깨닫는다. 이러한 조직 구조와 일터에서 청년들은 성장 가능성을 보지 못했다. 그러다가 '남아야 하는가', '떠나야 하는가'라는 질문이 반복되는 시기를 맞이하는데 그때는 돌이킬 수 없을 정도로 신체적·정서적 어려움을 겪을 때였다. 몸과 마음은 이미 망가졌지만, 퇴사하는 순간까지 감정노동을 한다. 왜 이런 모순이 발생하는 걸까?

인터넷에서 사직서 쓰는 법을 검색해보면, 많은 퇴사자가 사직서에 "일신상의 사유로 퇴사하겠습니다"라는 말을 적는다는 것을 발견할 수 있다. 일신상의 사유란, 무척 다양한 이유를 손쉽게 설명할 수 있으며, 퇴사 원인을 개인의 사정으로 돌리는 효과를 발생시킨다. 조직에서 발생한 문제로 퇴사를 하더라도 기록에는 개인의 사정으로 퇴사한 것으로 남는다. 청년의 퇴사는 사직서처럼 겉으로는 개인의 의지에 따른 자발적인 퇴사처럼 보이지만, 실제로는 다른 경우가 많았다. 개인이 감당할 수 없는 상황을 경험하거나 퇴사하는 순간까지도 자신이 일을 그만두는 정확한 이유를 꺼내거나 공론화하기를 꺼렸다.

2015년 국내 유명 웹하드 업체에서 폭행 사건이 발생했다.

가해자는 업체 회장이었고, 피해자는 퇴사한 직원이었다. 그는 폭행 사건 이후 업계를 떠나 숨어 살다시피 했다. 인터뷰에서 그는 회사 대표의 보복이 두려웠다고 했다. 폭행을 행한 사람은 전 직장 대표이고, 피해자는 퇴사한 직원인데 그는 무엇이 두려웠던 것일까? 웹하드 회장의 폭행 사건은 극단적 사례라고 생각하는 사람이 있을 수 있으나, 퇴사자들이 자신의 속내를 제대로 말하지 못하거나 퇴사 사유를 정확하게 밝히지 못한 이유 또한 별반 다르지 않았다.

일터는 꼬리표처럼 늘 따라다니고 이직을 할 때 전 직장의 평가는 중요해진다. 평판 조회가 신경이 쓰이기에 '일신상의 사유'로 쓰고 무난하게 퇴사하는 게 답이라고 생각한다. 퇴사하는 순간까지도 눈치를 봤다는 하나 씨와 인아 씨, 퇴사를 하더라도 관계를 잘 맺어야 한다고 생각했던 가을 씨 모두 솔직하게 퇴사 이유를 밝히지 못했다.

이 과정에서 '자발적 퇴사'란 가능한지 의문이 들었다. 비자발적인 퇴사가 자발적인 퇴사로 포장되는 것처럼 보였다. 사람들이 일터에서 겪었던 폭력이나 부당함을 퇴사 후에도 드러낼 수 없다는 것이 무엇을 의미하는지 생각해야 한다.

청년들에게 어떤 방식으로 퇴사를 했는지 물었다. 영화나

드라마처럼 사직서를 던지거나 회사와 싸우면서 퇴사한 경우는 없었다. 계약이 만료돼서 사직서를 쓸 필요가 없거나, 구두로 퇴사를 밝혔으나 상사가 무시해서 계속 출근을 해야 했다. 입사도 어렵지만, 퇴사도 쉽지 않은 과정이었다. 청년들은 '회사가 우르르 무너졌으면 좋겠다', '불이 났으면 좋겠다', '컴퓨터에 물을 붓고 나오고 싶다', '회사를 박살내고 싶다'고 했다. 이들에게 일터는 없애버리고 싶을 정도로 힘든 곳이었다.

"회사는 전쟁터이지만, 회사 밖은 지옥이다"라는 말은 퇴사를 머뭇거리게 한다. 하지만, 전쟁터라면 그 또한 문제이지 않은가. 전쟁터에서 참고 견디라는 말 자체가 누구에게는 폭력이다. 그 전쟁터에서 사람들은 퇴사하지 않으면 삶을 지속하기 어려울 정도로 극심한 스트레스에 시달리거나 우울증, 무력감 등 신체적 증상을 경험하고 있었다. 과도한 업무, 육체적·정신적 소진, 저임금, 군대 문화와 성희롱 자체가 그들에게는 폭력인 셈이다. 이런 곳이 일터라면, 우리는 이제 전쟁터가 되어버린 일터의 폭력성을 어떻게 개선할 수 있을지 고민해야 한다. 밖은 지옥이니 나가지 말라는 협박을 걷어차버리고!

4장

퇴사란 무엇인가

일반적으로 퇴사란, 회사를 그만둠으로써 기존의 일터와 관계를 정리하는 것이다. 새로운 직장으로 이직하는 과정이 되기도 하고, 창업이나 다른 직종으로 직업을 변경하는 계기가 되기도 한다. 또 일에서 잠시 거리를 두고 자신을 돌보거나 쉼을 취하는 회복의 시간이기도 하다. 그러나 한국 사회에서 퇴사란 일하지 않는 상태, 즉 실업자를 자처하는 일이라고 생각한다. 이러한 부정적인 사회적 편견은 퇴사를 둘러싼 사회적 맥락은 보지 못하게 만들고, 개인의 문제로 치부한다. 특히 불안정한 노동시장이 고착화된 상태에서, 퇴사는 단순히 실업으로 등치시킬 수 없는 다양한 의미를 지닌다.

퇴사요? (침묵) 퇴사라고 하면 뭔가 나랑 동떨어진 느낌이에요. 그래서 말을 빨리 못 뱉었던 것 같아요. 나는 그냥 일을 하다 나온 거고, 중견기업 다니던 애들이 그만두면 퇴사고. 〔나는〕 그냥 나간 거. 일하다가 나온 거. _김재일

퇴사 연구가 막바지에 다다를 무렵 김재일(21세) 씨를 만났다. 그는 특성화고등학교를 졸업하고, 조기취업을 했다가 일을 그만두고 공사장을 떠돌았다. 우연한 계기에 시민단체에서 계약직으로 일을 했고, 보조금 지원 사업이 끝나면서 그만뒀다. 3년 동안 그는 직장을 세 차례 옮겼다. 재일 씨를 만났을 때, 그는 군 입대를 앞두고 있었고 야간 아르바이트를 하면서 생활하는 중이라고 했다.

그와의 인터뷰가 유독 기억에 남았던 이유는 '퇴사란 무엇인가'라는 질문을 안고 시작한 연구를 다시 원점으로 돌린 계기가 되었기 때문이다. 퇴사란, 누군가에게는 이전과 다른 삶의 전환을 꿈꾸는 계기가 되기도 하지만 누군가에게는 "그냥 일을 하다 나온 거" 그 이상의 의미를 지니지 않기도 한다. 다시 말하면, 누군가에게 퇴사는 '퇴사'로서 의미를 지니지만, 누군가에게는 '퇴사'가 될 수 없는 지점이기도 하다. 이러한 차이

는 자신이 지닌 경제적 자원에 따라, 가정 형편에 따라, 직장에 따라, 세대와 학력에 따라 벌어지기도 하고 좁혀지기도 했다.

몇 년 전 출간된 이영롱의 『사표의 이유』는 X세대라는 문화적 환경에서 대학에 다녔던 이들의 일터 진입기와 이탈기를 다루고 있다. 저자는 그 중에서도 고소득 전문 직종에서 일했던 회사원들과 돈보다는 재미, 열정을 추구하며 문화·창의 분야에서 일했던 사람들에 주목한다. 이들은 주말도 반납하고, 야근에 노예처럼 일하는 사람들로 묘사된다. 그들은 점점 유연화되는 직장에서 갑자기 팀이 개편되거나 지속적으로 성과를 요구하는 상황에서 다른 삶으로 전환을 시도하기 위해 퇴사를 한다. 열심히 일한 만큼 그에 따른 성과급을 받을 수 있었고, 헤드헌터를 통해 더 나은 조건의 일터로 이직을 할 수도 있었다. 하지만 "관리될 수 없는 불안"과 지속적으로 "몸값을 협상해야 하는" 상황은 일에 대한 근본적인 물음을 던지게 한다.

이 책에 등장하는 '퇴사'는 단지 다니던 '회사를 그만둔다'는 중립적인 하나의 사실만 의미하지 않는다. 사표 내기를 고민하고 실행한 참여자들에게 이것은 타율노동의 피고용자로서 타성에 종속되기 쉬운 위치를 더 이어가지 않겠다는 거부, 자발적 퇴거라는 보다 적극적인 의미를 띠는 것이다. 노동소외의 경험, 삶과 분리되어가는 노동의 경험은 한 회사에서 다른 회사로 이동함으로써 해결될 수 있는 부분이 아니기 때문이다. 이윤·자본 논리가 아닌 '가치(의미)' 중심의 주체적 공간으로 옮겨가고자 한 참여자들의 이후 경로가 이를 암시한다. _이영롱, 『사표의 이유』

이영롱이 분석한 퇴사란, 타율노동으로 인한 상황에 대한 적극적인 거부의 의미를 지닌다. 단지 일터를 옮기는 것에서 벗어나 개인이 일하는 주체로서 자신의 일에 가치를 부여하고, 새롭게 주체적인 공간을 찾아가는 여정으로 퇴사 과정은 기록된다. 이 책에 등장한 퇴사자들은 퇴사 이후 대학원에 진학하거나, 제주도에서 게스트하우스를 운영하거나, 협동조합 활동을 했다. 또 1인 출판사를 차리거나 NPO 조직에 들어가 일을 시작하기도 했다.

이처럼, 퇴사란 개인이 놓인 맥락에 따라 다른 의미를 지닌다. 앞에서 소개한 김재일 씨와 『사표의 이유』에 등장한 사람들이 다른 조건에서 퇴사를 경험하듯이, 퇴사의 의미 또한 달라진다. 이 장에서는 퇴사 이후 일 중단 상태에서 퇴사자들이 어떤 삶을 살고 있으며, 어떻게 퇴사를 해석하는지 살펴보려고 한다. 그리고 경제적 조건에 따라 퇴사자가 실업과 취업준비 상태를 보내는지 사회적 맥락을 살펴보려고 한다.

퇴사할 용기

퇴사는 용기. 제 인생에서 최대 큰 도전이었어요. 저 자취해 가지고 월세 내고 통신비 내야 되고 보험료 내야 되고. 그거 다 제가 내거든요. 그런 거 다 신경 안 쓰고 오직 나만을 위해서 처음으로 내린 결정이거든요. _정인아

고등학교를 졸업하고 바로 직장생활을 했던 정인아(20세)씨는 고등학교 때부터 대학 진학보다 취업을 우선으로 생각했던 터라 높은 내신 등급을 유지하고 취업 동아리 활동을 열심히 하면 좋은 직장에 들어갈 수 있을 거라고 기대했다. 하지만 정규직으로 입사한 곳에서는 170만 원의 월급을 받았고, 처우도 좋지 않았다. 성차별과 야근이 잦았고, 그로 인해 퇴사

를 결심하게 되었다. 인아 씨는 독립된 가구로 살기 때문에 주거비뿐만 아니라 생활비 전반을 스스로 부담하는 상황이었다. 가족자원 없이 경제활동을 중단하는 일은 쉽지 않은 결정이었다. 그러나 그동안 가정형편을 고려해서 조기취업을 했고, 취업하는 과정에서도 본인의 의지보다 학교 분위기에 떠밀려가듯이 입사했다. 이런 상황에서 퇴사란, 본인의 의지로 유일하게 선택할 수 있는 것이자 "오직 나만을 위해서 처음으로" 내린 삶의 결단이었다.

한편, 이직을 빈번하게 경험한 마상우(32세) 씨는 연구 참여자들 중에서 퇴사 횟수가 20회로 가장 많았다. 요리업계에서 일하는 그는 1~2년 이상 한곳에서 일하는 요리사는 무능한 요리사 취급을 받는 풍토가 있다고 했다. 환경적으로 잦은 퇴사를 경험하면서, 그는 자신의 삶이 대나무와 같다고 생각했다.

저한테는 내 생활을 하기 위한, 내 삶을 하기 위한 연장선상에서 대나무 마디 같은 거예요. 그냥 끊어가는 점. (…) [퇴사한다고 해서] 세상 무너지는 것도 아니고. 그냥 가는 건데. 다만 그거에 대한 임팩트가 너무 크다 보니까 마음이 힘들고 경제적으로도 물론 힘들고. 그렇다고 대나무가 마디가 없으면 못 산다고 하잖아요. 마디가 어느 정도 있으니까 바람에도 견뎌지고 유연해지고 하는 거니깐요. _마상우

그는 퇴사를 하면, 마치 인생이 끝나는 것처럼 말하는 사람들의 편견과 일정 정도 거리를 두면서 퇴사란 용기이자, 자신의 삶에서 한 절기씩 매듭 짓는 과정이라고 해석했다. 여전히 퇴사를 할 때마다 삶이 흔들리지만, 어떻게든 요리를 계속할 거라는 마음으로 그 시기를 지나갈 수 있었다.

하지만 퇴사가 일상이 된 업계에서도 퇴사 후유증은 남는다. 유연한 노동환경과 잦은 이직, 경제적 어려움은 의지로 바꾸거나 개선하기 어려운 것이었다. 호텔에서 함께 일했던 또래 청년들이 소진되어 일터를 떠나는 것을 자주 목격하면서 요리를 한다는 것은 무엇인지, 일을 한다는 것은 무엇인지 고민이 깊었다고 한다. 이러한 상황에서 상우 씨가 취할 수 있는 전략은 일터가 아닌 일터 밖에서 다양한 분야에 종사하는 사람들과 커뮤니티를 만들고, 적극적으로 퇴사를 수용하는 것이었다.

인아 씨와 상우 씨에게 퇴사는 용기나 결단이었다. 이 말은

퇴사 이후에 각자가 직면할 상황이 녹록치 않고, 가족의 반대와 사회적 편견을 어긋내며 스스로 자신의 행위에 대해 의미부여를 하지 않으면 불가능한 행동이라는 말이기도 하다. 첫 직장을 그만두었던 인아 씨에게도, 잦은 퇴사를 경험한 상우 씨에게도 퇴사는 쉽지 않은 선택이었다. 그렇다면, 우리는 역으로 다시 물어야 한다. 왜, 이토록 용기를 내야만 우리는 일터에서 나올 수 있는 것인가.

쉼과 회복의 시간

취업준비생의 과로를 다룬 전주희의 「취준, 자발적 감금의 반정치」는 자발적으로 사회와 단절하며 취업준비생으로 살아가는 청년들을 다룬다. 그동안 사회초년생, 신입사원의 과로는 노동 문제로 다뤄져왔지만, 취업준비생의 준비 과정은 노동으로 해석되지 않았다. 아직 노동시장에 진입하지 않은 사람들이기 때문이다. 취업준비 과정에 대한 이야기를 다시 호출하는 이유는 퇴사란 단지 회사 이후의 삶만을 의미하는 것이 아니었기 때문이다. 퇴사란 취업준비 과정에서부터 입사

후 퇴사에 이르기까지 일련의 과로 역사와 긴밀하게 연결되어 있었다. 앞에서 언급했던 인아 씨도 고1 때부터 퇴사할 때까지 제대로 쉬어본 적이 없었다. 그에게 퇴사란 "취업준비하고 일하면서 쉬지 못한 걸 보상받는" 것이었다. 인아 씨는 좋은 회사에 취업하기 위해 높은 성적을 유지해야 했고, 취업준비를 위해 동아리 활동을 병행하며 주말과 방학에도 학교에 나갔다. 학교를 졸업하기도 전에 조기취업을 해서 몇 년 동안 휴식을 취해본 적이 없었다. 퇴사한 지 한 달쯤 된 그는 쉬는 기간이 자신에게 "좋은 경험"이라고 했다. 아침마다 일찍 일어나고 규율화된 삶에서 잠시 긴장을 내려놓고 휴식을 취하고 있었다.

취업을 목표로 몇 년 동안 1분 1초를 조율하며 취업준비자로 살다가, 취업 이후에는 야근에 투잡 등으로 또 시간을 쪼개어 일하는 청년들이, 취업 후 1~2년 사이에 소진을 경험하는 건 당연한 수순일 수 있다. 휴가는 짧고, 잠깐 쉰다고 해서 그동안 쌓인 피로와 긴장이 해소되지 않는다. 또 충분한 휴식을 취하기 위해서는 돈이 필요하다. 쉼에도 자원이 필요한 셈이다. 이런 맥락에서 퇴사는 취업준비 과정에서 사회초년생이 되기까지 그동안 요구되는 무리한 취업 노동을 잠시 중단하고,

노동 공백기를 갖는 시기이기도 하다. 퇴사를 하지 않은 예비 퇴사자들도 퇴사를 쉼과 회복의 시간으로 여겼다.

권소희(26세) 씨는 회사에서 받은 스트레스로 인해 건강이 나빠졌다. 회복할 시간이 필요했고 퇴사하기 전에 잡아놨던 휴가 일정을 앞당겨 여행을 떠났다. 그런데 여행 중에도 퇴사한 회사에서 계속 연락이 왔다. 회사는 바쁜데 자기는 여행 다니는 것에 대해 죄책감을 느꼈다. 그래서 소셜미디어에 여행 관련 글이나 사진을 올리지 않았다. 여행을 다녀올 때까지만 하더라도 1년 정도 쉬었다가 다시 일을 시작할 계획이었지만, 그때마다 건강이 악화되어 지금은 운동하면서 몸을 회복하고 단기 아르바이트로 생활비를 해결하고 있다. 소희 씨는 퇴사 후에 자주 여행을 다녔다. 여행을 다니면서도 계속 여행을 연장하고 싶었다고 했다. 여행은 그에게 휴식이었고, 전혀 다른 환경에 자신을 놓아두면서 기존의 삶과 단절을 시도하는 계기가 되기도 했다. 무엇보다 유유자적하게 하루에 한 곳을 돌아본다는 마음으로 삶을 단조롭게 만들고, 여유롭게 전환하는 시간이 그에게는 긍정적인 시간이었다.

소희 씨는 퇴사를 경험하면서, 삶에서 중요하다고 생각하는 가치의 기준이 바뀌었다. 이전에는 일터에서 쓸모 있는 사람이 되는 것이 중요했다면, 지금은 건강이 삶에서 가장 중요한 가치가 되었다. 직장에 들어가기 이전과 이후의 삶을 구분 지을 때 "그때까지는 건강했던 몸"이라는 말을 자주 하고는 했다. 소희 씨에게 직장생활과 일은 건강한 삶이 훼손되는 경험이었다.

소희 씨는 퇴사한 지 1년이 넘었지만, 회사를 회고할 때마다 힘들어했다. 인터뷰 내내 유쾌한 그녀였지만, 상사의 괴롭힘이나 일했던 환경에 대해 이야기를 할 때는 눈물을 흘리거나 한동안 말을 이어가기 어려워했다. 만일 누군가 자신에게 300만 원을 요구하면서 그때의 기억을 지워주겠다고 하면 지불할 용의가 있다고 말할 정도로 전 직장에서의 경험은 트라우마로 남아 있었다. 그녀는 퇴사했지만, 전 직장과 분리되지 못한 상태였다.

아무것도 하지 않는 상태에 대한 불안

장가을(28세) 씨는 퇴사 후에 한동안 잠만 잤다. 무엇이든 해야 될 이유를 찾지 못했다. "멍 때리는 시간"을 보냈고, 밤

낮도 바뀌고 누군가 만날 기운도 없었다. 그런데 아무것도 하지 않은 상태가 불안해지기 시작했다. 조금 기운이 날 때마다 컨퍼런스 정보를 검색해서 찾아가거나 수업을 들었다. 그러면 조금 덜 불안한 마음이 들었다. 가을 씨는 "계속 쉬려고 있어 봤지만 쉬면서도 크리에이터 클럽에 가입하고 인문학 수업을 알아보고 쉬는데도 무언가에서 활동하는 사람"이라고 자신을 설명했다.

그러던 중에 모아둔 돈과 퇴직금을 합한 800만 원을 가지고 "통장 잔고 0원 만들기 프로젝트"를 시작했다. 독일 여행을 하기 위해 독일 역사와 도시를 공부했고, 박물관을 많이 둘러 보았다. 여행이 장기화되면서 "한 달만 하고 돌아오는 거는 쉬는 거지만, 더 가면 도피하는 거"라는 고민에 빠지기도 했다. 그 답을 찾기 위해 더 많은 책을 읽었다고 했다. 여행에 대한 명분을 찾고 싶었던 것이다. 여행 중에도 계속 자신은 패배자라는 생각이 들었고 압박감을 느꼈다. "아무것도 하지 않았을 때 존재적으로 존중받는 느낌을 받아본 적이 없다"고 했다.

마케터들이 유튜브나 블로그에 올린 여행 콘텐츠를 보고 "나는 또 밀린다"고 느꼈다. 계속해서 압박감을 받으며 자신의 여행에 대해 "도피도 맞고 휴식도 맞다"고 결론을 내리게 된다. 한국에 있으면 "사회적 눈치를 계속 보는" 자신을 발견하게 되기 때문에 편하게 쉬기 위해 해외여행을 선호한다고 했다. 하지만 여행 중에도 들려오는 소식을 완전히 차단할 수는 없었다. 또 여행을 떠난 기간은 이력에서 공백기인데, 다음에 일을 구할 때 면접관이 그 기간 동안 뭘 했냐고 물을 것이 미리 두려웠다.

표류하는 삶

퇴사한다거나, 퇴사했다고 하면 주변에서 "앞으로 뭐 먹고 살 거냐", "무슨 일이 있어서 그만뒀냐", "계획은 있냐", "결혼은 어떡할 거냐" 등의 질문을 던진다. 그런데 이러한 질문들은 퇴사가 필요한 사람들에게 오히려 불안감과 두려움을 야기한다. 그러다 보니 아무것도 할 수 없는 상태에 불안감을 느끼고, 다시 집중할 것을 찾는다.

강민우 씨(33세)는 대학 때부터 바쁘게 지냈다. 취업준비에서 직장생활까지 무언가에 열중하는 삶이었다. 첫 번째 직장을 퇴사하자마자 두 번째 직장에 취업했고 두 번째 직장을 퇴사하고 한 달 정도 유럽 여행을 다녀왔다. 세 번째 직장에 취업하기까지 4개월의 공백기간을 가졌다.

> 제 스스로도 결론을 내린 건, 회사에 들어가도 재미없고 뻔하다. 그래서 거의 3개월 동안 방황했었던 것 같아요. (…) 쉬는 것도 아니었고, 목적도 없고 목표도 없는 삶을 살았던 것 같아요. 그 과정에서 내가 했던 일이 사회가 원하는 일은 아니구나라는 생각도 들었어요. _강민우

세 번째 직장은 이전과 다른 업종이었다. 그 이후로 민우 씨의 방황은 시작되었다. 새로 들어간 일터는 자신과 잘 맞지 않았고, 서울살이도 지쳐 있을 때였다. 계획적인 삶이 익숙했던 그에게 계획을 세울 수 없는 환경과 그것이 무너지는 경험은 큰 혼란이었다. 계획을 세우더라도 그것을 이루는 것이 힘들어지고, 무의미해짐을 느낄 때 불안감은 커졌다. 서울 생활에 대한 답답함과 부모님의 압박과 무언가 하고 있지만 그것은 사회가 원하는 일이 아니라는 생각에 자주 부딪히고는 했다. 그 과정에서 목적도 목표도 잃은 삶을 경험한다.

일터에서 경험한 소진으로 장기적인 휴식기에 들어가면서

여행하는 소희 씨, 퇴사 이후 아무것도 하지 않는 것에 대한 불안감으로 끊임없이 일을 찾는 가을 씨, 취업과 창업을 시도하면서 다양한 삶의 전환을 꿈꿨지만 계획대로 되지 않는 상태를 경험한 민우 씨, 이 세 사람은 일하는 동안에 소진을 경험했고 퇴사 이후에도 무언가 해야 한다는 압박을 견디다가 표류하는 상태에 빠진 경우이다.

이충한은 『비노동사회를 사는 청년, 니트』에서 한국 청년들은 '소진형 니트'의 성향이 강한데, 흔히 생각하는 히키코모리형 니트가 아니라 사회적으로 압박을 느껴 끊임없이 배우려고 하고 거기에서 소진되는 니트이며, 아예 노동을 중단하는 것이 아니라 간헐적으로 계속 일터와 니트 상태를 오가는 것이 특징이라고 보았다.

퇴사 이후 니트로 유입되는 경우를 종종 볼 수 있었는데, 이들은 표류 상태에 있다고 느꼈다. 소희 씨는 여러 차례 재취업을 시도했지만, 일 자체에 대한 동력과 흥미를 느끼지 못했고, 다시 회사로 돌아갈 수 없었다. 표류 상태에 놓인 개인은 자존감이 낮아지는 것을 경험하고, 자신이 선택하고 추진할 수 있는 영역이 점점 제한되는 것을 경험한다. 그러다가 아무것도 할 수 없는 상태에 놓이거나 휴식, 회복이 필요한 시기에 충분히 쉬지 못하고 불안감을 안고 산다.

직장 탈출, 백수 탈출의 도돌이표

퇴사를 한다는 것은 실업 상태에 놓인다는 것과 같다. 그래서 퇴사를 준비하는 데도 시간과 자원이 필요하다. 퇴사를 결심하면, 가장 먼저 하는 일이 통장 잔고를 확인하고 일하지 않는 상태에서 얼마나 버틸 수 있는지 계산하는 일이다. 실업급여가 모든 퇴사자에게 지급되면 좋겠지만, 여전히 한국에서는 급여 대상이 제한적이다. 특히 실업급여는 내가 고용보험료를 내는 것에 대한 사후적 보상이나 보험의 개념이 아니며, 실업 상태에 대한 생활보조금이 아니다. 일하는 동안 고용보험료를 내더라도 모두 실업급여를 받을 수는 없다.

현재 고용보험 실업급여는 구직급여, 취업촉진수당, 연장급여, 상병급여로 나뉜다. 우리가 흔히 말하는 실업급여의 정확한 명칭은 구직급여이다. 구직급여를 받기 위한 조건은 1) 고용보험 적용 사업장에서 실직 전 18개월 중 피보험기간이 180일 이상이어야 하고 2) 일할 의사와 능력이 있고 비자발적으로 이직을 하였으며, 적극적인 재취업활동을 하고 있지만 취업하지 못한 상태여야 하며 3) 자발적 이직이나 중대한 귀책사유로 해고된 경우에는 해당되지 않는다, 이다.

그러나 이미 앞에서 살펴보았듯이, 회사에서 '합법적'인 방법으로 자발적 퇴사를 강요할 경우, 직원이 이를 증명하기란 어렵다. 또 구직급여를 받지 못하도록 계약기간보다 미리 해고시키는 경우도 있다. 이처럼 실업수당을 받는 요건이 제한적이다 보니 불합리하게 실업 상태로 내몰린 사람들은 수당을 신청하기 어렵다.

한국직업능력개발원의 분석에 따르면, 2014년 청년 실업자 실업급여 수급 비율은 3.1%로, OECD 국가 평균 28.2%에 비하면 10분의 1 수준이다. 이후에도 2015년에는 3.3%, 2016년에는 3.4%로 조금씩 늘어났지만 사회안전망으로서 실업급여가 제대로 기능하지 못하고 있음을 지적했다. 또 청년 취업자의 고용보험 가입률은 2017년 8월 기준으로, 63.3%에 그치고 있다. 약 40%에 해당하는 청년들이 고용보험 미가입 사업장에서 일하고 있는 것이다.

인터뷰에서 만났던 사람들 중에 퇴직금을 받고 퇴사한 경우는 드물었고, 퇴사 준비를 하지 않았지만 쫓겨나듯 내몰린 사람들이 많았다. 실업에 대한 실제 수혜자 수가 적다는 것은 실업급여 제도 개선이 시급하다는 것을 뜻함과 동시에 그동안 실업상태에 따른 경제적 부담을 개인이 책임지고 부담해왔음을 의미한다. 그렇게 됐을 때 발생하는 문제는 경제적 조건에 따라 취업준비 기간이 달라지고, 다음 단계를 탐색하는 내용과 과정이 달라진다. 즉 휴식과 취업에도 경제적 불평등이 영향을 미친다.

경제적 조건과 취업준비

김도영(22세) 씨는 "집이 잘사는 것도 아니고 많이 힘든 걸 알기 때문에 빨리빨리 벌어서 부모님께 폐는 안 되어야겠다" 는 생각이 강했다. 그래서 고등학교 졸업 전에 취업을 했고, 일하는 중에도 투잡을 했다. 집에 빚이 많아서 항상 어깨가 무겁다고 했다. 경제적으로 독립하고, 집에 보탬이 되는 것이 일의 목적이었다.

박민지(20세) 씨도 도영 씨와 유사하게 집에 생활비를 보태야 하는 상황이기 때문에 일을 그만두기가 쉽지 않았다.

제가 약속을 잡았는데 돈이 없거나, 아니면 부모님이 심각하게 돈 얘기를 하고 있거나 돈을 보면서 한숨을 쉴 때. 이런 걸 볼 때 너무 자유롭지 못한 느낌이 들어요. _박민지

민지 씨에게 돈이란, 친구와 관계를 맺고 사람을 만나는 데 필요한 것이자, 가족이 돈 때문에 힘들어하는 상황에 대한 압박에서 벗어날 수 있는 수단이었다. 보다 자유로워지기 위해서 돈을 벌었고, 가족에게 생활비를 지원하는 방법으로 부담을 줄여가고자 했다. 이런 이유로 몸 상태가 좋지 않은 상황에서도 당장 퇴사를 할 수 없었고, 항상 투잡을 뛰면서 퇴사 후 공백기에도 수입활동을 이어갔다.

민지 씨는 열아홉 살에 취업한 첫 번째 직장에서 너무 많은 스트레스를 받아 두통과 불면증으로 정신과를 찾기도 했다. 그러나 진료비가 너무 비싸서 완치할 때까지 진료를 받기는 어렵다고 느꼈다. 그렇게 한 달 정도 시간을 보내고 생활비

가 필요해 곧바로 아르바이트를 시작했다. 민지 씨는 "할 수 있는 게 자격증도 뭐도 특별한 게 없으니까 그냥 바로 콜센터를 찾아서 들어갔다"고 했다. 아이러니하게도 민지 씨가 정신과를 찾을 만큼 스트레스를 받았던 첫 직장이 콜센터였는데, 정신적 스트레스를 회복할 만한 충분한 시간을 확보하지 못하고 다시 콜센터에 취업을 한 것이다.

한편, 이지혜(27세) 씨는 여섯 번의 직장 경험이 있다. 매번 퇴사와 취업 사이 기간이 짧았다. 지혜 씨는 집에서 "일을 쉬는 걸 별로 안 좋아했다"고 했다. 대기업 제조공장을 퇴사할 때도 부모님의 반대가 우려돼 몰래 퇴사를 했다. 퇴사 사실을 알게 된 부모님은 화가 나서 3주 동안 대화를 하지 않았다고 한다. 제조공장의 임금은 월 350만 원으로 높았다. 그러나 지혜 씨는 고된 노동환경을 견디기 힘들었다.

1997년 외환위기 이후 한국에서 '실업' 상태란 위기이자, 신속하게 해결해야 하는 과업처럼 다루어져왔다. 그리고 실업 상태의 원인과 책임을 개인에게 환원하는 경향이 강한 한국 사회에서, 일하지 않는 상태는 도덕적인 비난의 대상이 되기도 했다. 그러나 불안정한 노동시장이라는 조건에서 일자리를 찾고, 일을 하는 청년들에게 노동은 더 이상 지속가능한 것이 아니다.

　도영 씨, 민지 씨, 지혜 씨의 노동은 가족 경제와 긴밀하게 연결되어 있었다. 그래서 일터에서 어려움을 겪어도 쉽게 일을 그만둘 수 없었고, 퇴사 후에도 빠른 시간 내에 새로운 일자리를 구해야 했다. 또 가족에게 의존하지 않고 독립적으로 경제 활동과 삶을 꾸려가고 있는 청년들의 경우, 가족의 지원이 없는 상태에서 아프거나 실업 상태에 놓였을 때 막막함을 느꼈다. 경제적으로 취약한 상태에 놓인 사람들이 일을 선택하고 좋은 노동환경을 찾는 데 취약했다.

　이들에게 퇴사란 단지 주말 전에 공휴일이 껴 있는 것과 같다. 공휴일과 토요일, 일요일이 지나면 월요일에 출근을 해야 하는 것처럼, 잠깐 숨 고르고 다시 새로운 일터로 출근해야 하는 것처럼 짧게 느껴지는 것이 퇴사이다.

취업-퇴사-취업-퇴사, 무한 회로에서 던지는 물음

　연구 과정에서 만났던 청년들의 평균 퇴사 횟수는 약 4회로, 퇴사가 잦은 업종을 제외하고 20대에서 30대로 갈수록 퇴사 경험은 5~7회로 늘어났다. 「OECD 고용전망 2015」에 따르면, '현재 직장에서의 근무경력'을 다룬 부분에서 한국은 '1년 미만 근로자' 비중이 30.8%로 나타났다. 10명 중 3명은 현재 직장에서 일한 지 1년 미만인 셈이다. 이는 OECD 회원국 평균 18.5%에 비해 높다.

현재 국내에서 생애주기 동안 몇 번의 직장을 바꾸고 이직하는지 공식 통계는 없지만, 주목할 만한 점은 한 직장에서 일하는 기간이 갈수록 짧아지고 있다는 점이다. 또 계약직이나 비정규직으로 일하는 사람들이 높은 비중을 차지하는 한국에서 직장을 몇 번 옮기는지 묻는 일은 이제 무의미해질지도 모른다.

취업과 퇴사를 반복하는 삶에서 불안정한 노동이란 피할 수 없다면 기꺼이 감수해야 하는 것이다. 개인은 더 짧은 기간에 일터를 바꾸게 된다. 일하는 동안 많은 에너지를 투여하고, 또 소진되어 다시 퇴사를 하고, 또 기운 차리면 일터로 나가는 상황이다.

이행기 청년의 노동경험을 연구한 김영, 황정미는 취업과 교육/훈련 사이를 오가는 청년들의 노동 이행 과정을 "요요 이행"이라고 불렀다. 어린 시절 가지고 놀던 장난감 요요처럼, 청년들이 한정된 진로에서 전진과 후퇴를 반복하고 있다는 것이다. 두 연구자 또한 이행 과정에서 가족자원, 젠더, 거주지역 등에 따라 개인이 다른 양상을 보인다고 분석했다. 그리고 장기적인 계획이나 진로 계획이 없는 상태에서 생계형 노동을 반복하는 청년들은 경제적 배제와 사회적 관계로부터 고립을 경험하면서 다층적인 배제를 겪고 있었다.

청년 퇴사자들의 노동 이행 경로를 보면, 퇴사—취업 또는 창업을 반복하고 있었다. 고용 형태는 정규직일지라도 최저임금과 장시간 노동, 미비한 복리후생 등은 비정규직과 유사한 경우가 많았다. 정규직이 돼서 안정성이 보장된다고 해도 '중규직'이라고 불릴 만큼 근로조건, 근로환경, 복지혜택이 비정규직에 더 가까웠다. 그리고 20여 명의 사례를 통해 발견한 점은 더 이상 정규직과 비정규직의 구분이 일하는 환경에서는 무의미하다는 점이다.

특히 5인 미만 사업장에서 정규직으로 일하는 청년들의 처우는 대기업의 계약직보다 더 열악한 경우도 있었다. 대기업 정규직과 소기업 정규직은 같은 정규직이라고 보기 어렵다.

또한 정규직과 비정규직 사이의 구분은 청년들이 취업과 퇴사를 반복하면서 점점 경계가 흐려지고 있었다. 심지어 대기업에서 일한 경험이 있는 나유연 씨와 고상철 씨도 퇴사 후에 시험을 준비하거나 전혀 다른 분야에서 진로를 찾고자 했다. 여전히 많은 사람들은 처음에 대기업이나 좋은 직장에 들어가면 다음 직장 또한 좋을 거라고 생각한다. 하지만 그보다 어떤 이유로 퇴사를 했고 자신이 원하는 일터는 어떤 곳인지 고민하는 사람이 두 번째, 세 번째 직장으로 이행할 때 만족도가 높았다. 이들에게 중요한 것은 정규직이나 비정규직이라는 이름이 아니라 자신이 무엇을 해야 하는지, 어떤 사람으로 살고 싶은지에 대한 고민이었다.

단순히 퇴사 횟수가 문제는 아니다. 중요한 것은 취업과 실업을 반복하는 동안에 일이란 무엇인지 물음을 던지는 것이다. 어떤 직장이 비합리적인 곳인지, 폭력적인 곳인지, 열악한 곳인지, 자신에게 맞는 일터의 기준을 만들고 찾아가는 것이다. 이 과정에서 개인은 주체적인 사람으로 일을 하게 된다. 겉보기에 일과 실업을 반복하는 것처럼 보이지만, 자기 탐색 과정에서 만들어지는 나만의 서사는 강한 힘을 지니게 된다.

5장

———

퇴사해도 괜찮은 사회

'퇴사해도 괜찮은 사회'란 무엇인가

2018년 6월부터 12월까지 21명의 청년 (예비) 퇴사자를 만나면서, 일터의 단면을 들여다볼 수 있었다. 퇴사자들의 이야기를 들을수록, 퇴사는 구조적인 문제에서 발생하지만 책임은 개인에게 돌리는 것 같았다. 실제로 「2018 OECD 한국 경제 보고서」에서도 그동안 한국이 일자리를 보호하는 방식을 취하면서 개인의 사회적 보호에 등한시한 점을 지적하고 있다. 이는 잦은 실업을 경험하는 퇴사자의 사회적 보호에 대해 제대로 대처하지 않았다는 것을 의미한다. 어떤 연구 참여자는 인터뷰 중에 "사회가 퇴사해도 괜찮은 사회가 되어야 한다"고 말했다. 퇴사해도 괜찮은 사회란, 퇴사를 장려하는 사회를 의미하는 것이 아니다. 퇴사 이후에 안정적인 삶을 보장하라는 의미

5장_ 퇴사해도 괜찮은 사회

가 강하다. 동시에 일하는 사람이 본인의 의지에 따라 '안전하게' 퇴사할 수 있는 분위기가 형성되는 사회를 뜻한다.

그동안 일터에서 어려움을 겪었던 청년들이 직면한 문제를 해소하는 방법은 퇴사였다. 그러나 퇴사 후에 다른 곳으로 취업을 하더라도 반복되는 문제를 피할 수는 없었다. 위계적인 문화, 군대문화, 폭력이 애정으로 둔갑한 문화, 조직에서 가장 약한 사람을 배제하는 문화 등을 경험하고 다시 퇴사를 선택했다. 청년들이 퇴사를 반복할 수밖에 없는 문제를 목격했다면, 이제 사회는 일하지 않는 상태로 내몰린 청년을 위해 무엇을 해야 할지 고민해야 한다. 그것이 '퇴사해도 괜찮은 사회'로 가기 위한 첫걸음이다.

이 글을 쓸 때쯤, 밀레니얼 세대와 '90년대생'에 대해 다룬 책이 주목을 받았다. 어느 시대나 '요즘 것들'은 늘 이해 불가능한 존재이면서, 동시에 함께 일하기 위해서는 이해해야만 하는 모순을 지닌 존재처럼 다뤄진다. 청년 세대를 이해하고자 하는 사람들이 이 책을 찾고, 대통령마저 추천할 정도로 청년에 대한 관심이 높은 건 부정할 수 없다. 그러나 책 한 권을 읽는다고 해서 청년을 이해할 수 없다. 심지어 책이나 언론에서 다루는 '90년대생'은 내가 만났던 사람들과 동시대를 살고 있지만 전혀 다른 삶을 살아가는 것처럼 보인다.

진취적이고, 유연하고, 독립된 개인들의 협업으로 이루어진 네트워크 형태의 일을 추구할 것이라는 '밀레니얼 세대' 혹은 '청년 세대'의 특징은 청년 집단 중에서도 일부가 보이는 특징이다. 오히려 대다수의 청년은 위계적이고, 제한적이고, 명령에 따라 움직이고, 상사나 경영진의 불합리한 요구에도 응해야 하는 경우가 많다. 청년 퇴사자들을 만나면서 발견한 것이 있다면, 오늘날 조직에서 경험하는 세대 갈등은 새로운 세대의 노동 관념이 변화해서라기보다, 일터가 너무 변하지 않는다는 데서 연유했다는 것이다.

어느 시대에나 새로운 세대가 일터에 들어갈 때는 기존의 조직문화와 갈등을 빚기 마련이다. 90년대에 소위 X세대가 일터에 들어갈 때도 그랬다. 70년대, 80년대 조직문화를 경험해 온 사람들은 이 톡톡 튀는 세대를 어떻게 수용해야 할지 난감해했다. 반대로 세대 차이가 있다고 해서 무조건 갈등을 경험하는 것은 아니다. 만약 조직에서 갈등을 경험하고 있다면, 조직의 의사소통 과정은 어떤지, 결정 구조는 어떤지 되묻는 것이 때로 더 빠른 해결책을 제시하기도 한다.

청년들은 일터에서 최소한 '상식적'이고 '합법적'인 수준에서의 처우와 관계 맺음을 원했다. 그러나 일터에서는 높은 기대치라고 생각하는 경우가 많다. 민주주의적이고, 평등하고, 적어도 생활임금 이상의 월급이 있어야 삶을 꾸려가고 미래를 전망할 수 있다. 일터에서 동료를 만나고, 동료와 함께 처우를 조금씩 바꿔나갈 수 있는 활동이나 노동조합이 보장되었더라면, 개인은 어려움을 경험했을 때 조직에서 함께 고민하고 변화하려는 시도에서 가능성을 꿈꾸었을 것이다.

일터는 파편화되어 있고, 동료 관계가 깊어지는 것에 대해 부담을 느꼈다. 동료는 필요하지만 동시에 부담스러운 존재이자, 자신 또한 일터에서 그런 사람이 되어가고 있었다. 퇴사자에게 필요한 것은 사회보장 못지않게, 일터에서 존중받는 경험이었다.

이 책의 목적은 청년 퇴사자를 막는 것이 아니다. 더구나 정책적 해결 방안을 모색하기 위해 쓴 것도 아니었다. 하지만 퇴사자들이 일터에서 경험한 내용을 바탕으로 퇴사 이후 필요했던 교육, 법과 제도, 사회보장 시스템에 대한 제안은 몇 가지 소개하려고 한다. 누구나 퇴사자가 될 수밖에 없는 현실에서, 보다 안정적인 사회를 만들어가는 길은 미리 그 길을 걸어온 사람들의 지혜를 모으는 일이라고 여기기 때문이다. 이 사회가 퇴사하지 않아도 일할 수 있는 사회, 더 나아가 퇴사해도 괜찮은 사회가 되기를 바라며 몇 가지 제안을 하고자 한다.

괜찮은 직장을 위한 최소한의 조건

교육

조건1_ 노동인권교육

청소년과 청년을 대상으로 하는 인권침해 사례가 빈번하게 일어나면서, 최근 지자체에서 청소년 노동인권교육을 권장하고, 교재 개발 연구에 관심을 보이고 있다. 특히 10대 후반에 취업하는 사람들, 아르바이트를 하는 사람들에게 조기 노동인권교육은 중요하다. 박민지 씨는 고3 때 2시간짜리 노동인권교육을 받았다. 이 짧은 교육 덕분에 민지 씨는 근로계약서를 작성하지 않은 사업주에게 근로계약서 작성을 요구할 수 있었고, 임금에 대해서도 부당한 상황에 처했을 때 외부의 도움을 받아 대처할 수 있었다.

노동인권교육이 중요한 이유는 개인이 어떤 상황에 처했을 때, 그것이 문제일 수 있다고 인식하는 계기가 되고, 또 권리를 침해당했을 때 기관이나 단체를 통해 대처할 수 있는 길잡이가 되기 때문이다. 한번의 교육으로 노동법을 모두 이해하거나 숙지할 수는 없지만 교육을 통해 문제를 인식하고, 이를 해결할 능력을 기를 수는 있다.

노동법에 대한 이해가 부족한 사람들은 관습에 따라 일을 해결하는 경우가 많고, 그러다 보면 불필요한 분쟁이나 더 힘든 상황에 처하게 된다. 때문에 노동인권교육은 학교에서뿐만 아니라 직장에서도 이루어져야 한다. 직장 내 모든 구성원들이 함께 받아야 노동/일에 대한 이해도를 높일 수 있다. 교육은 조직을 객관적으로 돌아볼 수 있는 계기를 제공하고, 평등하고 민주적인 조직문화를 생각할 수 있는 기회를 제공한다. 안전하고 합리적인 일터를 만드는 토대가 될 수 있다.

조건2_ 취업교육에서 진로교육으로 확대

교육부는 특성화고등학교, 고등교육기관(대학)의 취업률을 발표하고, 우수 교육기관을 선정한다. 그러면서 학교의 역할과

위상은 취업률에 따라 달라지고, 성과를 내는 학교가 좋은 학교라고 믿게 된다. '취업을 돕는다'는 말로 직업훈련교육과 진로교육을 하지만, 청년들은 일할 준비가 안 된 상태에서 노동시장으로 나간다고 느낀다. 이 과정에서 청년들이 자신의 삶을 어떻게 설계하고, 어떤 일을 하고 싶은지에 대한 고려가 없다.

그동안 진로교육은 취업교육과 동일시되었지만, 구분할 필요가 있다. 2015년 개편된 '학교 진로교육 목표와 성취기준'(교육부 주관)에서 진로교육의 목표는 학생들이 "행복한 삶을 살아갈 수 있는 역량"을 기르는 것이라고 소개한다. 진로교육 프로그램을 통해 자기관리 역량, 지식정보처리 역량, 창의적 사고 역량, 심미적 감성 역량, 의사소통 역량, 공동체 역량을 구현하는 것이 목표이다. 진로란, 개인이 삶의 방향과 역량을 다층적으로 학습하고 고민하는 과정에서 만들어진다.

진로교육은 학교별로 진행하지만, 대학 진학을 중시하는 학교에서는 제대로 이루어지기 어렵다. 몇 년 전부터 서울에서는 중학교를 졸업한 학생들을 대상으로 '오디세이 학교'를 진행한다. 지원자가 모두 이 과정에 참여할 수 있는 것은 아니지만, 1년 동안 대안교육을 경험하면서 자신의 진로와 성장을 도모하는 프로그램이다. 영국과 미국, 호주, 캐나다 등에서는 갭

이어(gap-year)를 통해, 학교 밖에서 다양한 활동을 통해 진로를 모색할 수 있는 시간을 보낸다. 갭이어 프로그램은 중고등학교 졸업생뿐만 아니라 대학생, 휴직자, 취업준비생 등 대상이 폭넓다.

이밖에도 청년실업을 해결하기 위해 유럽연합에서는 청년보장제도(Youth Guarantee)를 채택해서, 청년들의 일자리와 교육 기회를 보장하는 프로그램을 진행하고 있다. 이 제도는 실업 혹은 학업이 중단된 시점에서 4개월 이내에 청년이 자신에게 맞는 맞춤형 직업, 교육, 훈련 기회를 얻을 수 있다. 스페인의 경우, 2014년 국가청년보장제도 이행을 위한 법률을 제정했고, 여기에 등록된 청년은 비임금고용보조금을 지원받고, 무상으로 온라인 훈련 과정을 이용할 수 있다(한국보건사회연구원, 2016). 청년보장제도의 목적이 노동시장의 편입에 있다는 점에서 한계가 있지만, 노동할 수 없는 상태에 있는 청년에 주목하고 공공서비스를 통해 이들에게 프로그램을 제공하려는 움직임은 주목해야 한다.

국내에서도 퇴사자나 실업자를 대상으로 하는 구직 교육 프로그램이 늘어나고 있으며, 참여하는 이들도 많다. 그러나 충분한 진로 탐색과 재취업의 시간을 보장하기보다 정해진 기간 안에 빨리 취업을 하도록 독려하는 방식으로 이루어지기도 한다. 퇴사자 중에는 당장 이직을 하기보다 휴식기를 필요로 하는 사람도 있다. 덴마크에서는 실업보험센터를 운영하고 있고, 독일에서는 퇴사자가 휴식을 취할 수 있는 프로그램을 운영하기도 한다. 이처럼 퇴사자의 상태에 따라 세심하고 다양한 제도를 활용할 수 있도록 설계하는 것이 필요하다.

일터 내 제도 및 법 규제

조건3_ 직장 내 괴롭힘 금지법

직장 상사로부터 폭언이나 인격모독적인 말을 듣는 것, 비교 대상이 되면서 자신의 의사와 관계없이 경쟁 구도에 놓이게 되는 것, '막내'다움을 강요받는 것, 모호한 업무 지시, 책임 전가, 회식 강요 등은 개인적인 관계에서 비롯된 부당함이 아니다. 직장 내 괴롭힘은 주로 개인 대 개인 관계에서 발생하는 것이 아니라, 직장 내 권력 관계에서 발생하기 때문이다. 직장에서 발생하는 괴롭힘 문제가 공론화되고, 2019년 7월부터 '직장 내 괴롭힘 금지법'이 시행되면서, '괴롭힘'의 사례와 직장문화에 대한 관심도 높아졌다.

직장에서 발생하는 폭력과 괴롭힘을 예방하거나 공식적으로 문제제기를 할 명분이 생겼고, 피해신고를 했다는 이유로 불이익을 줄 경우 3년 이하의 징역 또는 3000만 원 이하의 벌금에 처하는 벌칙 규정을 두고 있어서 보복에 대한 문제도 일정 부분 해결할 수 있게 되었다. 그러나 한편으로 적용 범위와 사례에 대해서는 여전히 한계가 많다. 예를 들면, 5인 미만 사업장이나 간접고용, 특수고용과 같은 법 적용에서 제외된 곳은 영향력을 행사하는 데 제약이 있다.

그럼에도 불구하고, 이 법을 통해 괴롭힘과 폭력의 기준이 변하고 있다. 이전에는 당연하다고 여겨지던 폭언과 행동에 대해 문제제기를 할 수 있게 된 데에 의의가 있다. 2019년 2월부터 고용노동부에서는 '직장 내 괴롭힘 판단 및 예방·대응 매뉴얼'을 배포하고 있다. 검색 사이트에서 매뉴얼을 검색하면 누구나 접근할 수 있다. 또 '직장갑질 119'를 통해 상담과 도움을 받을 수 있다.

조건4_ 근로감독제도

노동자를 보호하기 위해 근로기준법이 있고, 이를 제대로 지키기 위해 근로감독제도를 둔다. 근로감독관은 사업장을 방문해서 근로기준법이 지켜지고 있는지 감독하고, 위반사항이 있으면 시정을 요구하거나 행정처분을 내린다. 그러나 현 제도에서 운용가능한 근로감독관의 수는 턱없이 부족하다. 국내 사업장을 돌면서 근로조건을 파악하기 어려운 실정이다.

또 신고 사건을 처리하는 과정에서 감독관이 사업주 편을 들거나, 법적 기준보다 낮은 조건으로 합의를 종용하거나, 위반사항이 있더라도 시정지시에 머물기 때문에 직접적인 처벌이 드물어서 오히려 법 위반을 신고한 노동자가 불이익을 당하는 등의 문제가 발생하기도 한다. 때문에 퇴사를 한 후에야 신고를 하게 되는 것이다.

이러한 한계에도 불구하고 근로감독제도는 사업주를 형사적으로 고소하는 것보다, 절차적으로 간소하다. 또 매일 일터에서 마주치는 사업주와 관계에서도 노동자에게 불편함을 줄일 수 있다. 이러한 제도가 잘 안착되고, 일터에서 관행처럼 여겨지는 위반 사항들이 개선될 수 있도록 해야 한다.

조건5_ 부당해고자 구제

근로기준법 제23조는 사용자가 근로자를 정당한 이유 없이 해고해서는 안 된다고 규정하고 있다. 부당해고를 금지하고 있기 때문에, 해고가 부당하지 않다는 점을 사용자가 입증해야 한다. 또 부당해고를 당한 경우, 근로기준법 제28조에 따라 노동위원회에 구제신청을 할 수 있다. 월급 250만 원 미만을 받는 노동자는 무료로 국선노무사제도를 이용해 대리인을 선임할 수도 있다. 이처럼 부당해고를 규율하고 구제할 수 있는 장치는 비교적 잘 마련되어 있는 편이라 할 수 있다.

그러나 해고를 당했음에도 불구하고 권고사직의 형식을 갖췄기 때문에 부당해고 구제신청을 하지 못하는 경우가 있다. 근로기준법에서 금지하는 해고는 '언제', '누구를', '왜' 해고한다는 일방적이고 분명한 의사가 전달된 해고를 의미하기 때문이다. 실제로 구두로 해고 의사를 전달받아 다음날부터 출근하지 않고 부당해고 구제신청을 했지만, 회사는 해고한 사실이 없다며 말을 바꾸고 무단결근으로 다시 노동자를 해고하는 일이 일어나기도 한다. 이때 해고 사실이 있었는지를 노동자가 입증을 해야 하는데, 녹음기를 지참하고 다니는 사람이 아니고서야 구두로 해고한 사실을 입증하는 것은 불가능한 일이다.

이처럼 해고인지 아닌지 애매한 경계에 있는 것들까지 보호를 받지 못하고 있다. 구체적이고 명확한 사실에 근거해 법률 집행이 이뤄져야 하지만, 맥락을 파악하고 해고까지 규율할 수 있는 방법에 대한 고민이 필요하다.

사회보장제도

조건6_ 구직급여 신청 자격 확대

고용보험법 제40조는 구직급여 수급요건을 정하고 있다. 중대한 귀책사유로 해고되거나 개인적인 사정으로 퇴사한 경우 구직급여 수급이 제한된다. 즉 고용보험 가입 기간 등의 요건에 해당하면서도 비자발적 퇴사인 경우에만 구직급여 수급이 가능한 것이다.

그러나 실제로 퇴사가 자발적인지 비자발적인지 파악하기란 모호하다. 연구 과정에서 만난 퇴사자들이 퇴사한 이유는 차별과 저임금, 성추행, 상사와의 갈등, 고된 노동환경, 계약만료, 계약서와 다른 노동조건, 과로, 건강 악화, 소진, 성장 가능성 부재, 군대문화, 정규직 전환 불가, 대표자의 횡령, 사내정치 등이었다. 이 중에 비자발적 퇴사에 해당하는 경우는 계약만료뿐이다. 자발적 퇴사이지만 구직급여 수급이 제한되지 않는 사유는 성추행과 건강 악화 정도이다.

열악한 환경에서 일하는 사람들은 퇴사를 '제대로' 준비하거나, 이직할 수 있는 시간을 확보하기 위해서 경제적 안정이 필요하다. 이는 구직급여의 목적이기도 하다. 일하지 않는 기간 동안 생활이 안정되도록 하고, 구직활동에 전념하도록 하는 것이 구직급여의 목적이기 때문이다. 따라서 구직급여 신청 대상에 대한 논의가 다시 필요하다.

조건7_ 수당 및 기본소득

국내에서 기본소득에 대한 논의가 시작된 지 몇 년이 흘렀다. 일할 수 없는 상태에 놓인 사람들이나 휴식기가 필요한 사람들에게 기본소득은 불안정한 소득활동의 공백기를 보충해줄 수 있는 수단이다. 아직 기본소득이 보편제도로 자리 잡지 않았지만, 잦은 입사와 퇴사를 반복할 수밖에 없는 불안정한 노동환경에 놓인 청년들이 이용할 수 있는 수당은 지자체별로 시행하려고 노력하는 중이다.

서울시는 청년수당(청년활동지원금)을 시행하며, 청년들에게 구직활동뿐만 아니라 다양한 활동을 할 수 있는 지원을 제공하고 있다. 경기도, 대전광역시, 부산광역시, 광주광역시에서도 청년수당 모델을 시행하고 있다. 그러나 고용노동부에서 2019년부터 시행하고 있는 청년구직활동지원금이나, 지자체에서 시행하는 청년수당의 경우 구직활동을 희망하는 자로 범위를 제한한다는 점에서 한계가 있다.

장기 미취업 기간이 늘어나면서, 수당 지급 선발 기준을 미취업 기간으로 둘 것인지 활동 계획과 방향에 둘 것인지 논의가 더 필요하다. 사회보장제도를 확대해서 청년들에게 일할 수 없는 상태에 놓이더라도 안전하게 다음 진로를 계획하고, 삶을 살아갈 수 있다는 사회적 믿음을 주는 일은 중요하다.

풍요로운 삶이 가능한 사회는 그 어떤 누구라도 차별받지 않는 사회여야 하며, 일을 기준으로 낙오자나 실패자라는 낙인을 찍어 무력하게 만들지 않는 사회이다. 우리는 어떤 사회를 만들고, 어떤 일터를 만들고 싶은지 그 고민을 청년들의 일터 이야기를 매개로 다시 시작해야 한다.

참고문헌

- OECD, 「OECD Employment Outlook 2015」, 2015년 7월
- 고용노동부, 「2019년 6월 사업체노동력조사 결과」, 2019
- 교육부, 「2015 학교 진로교육 목표와 성취기준」, 2015
- 교육부, 「학습중심 현장실습의 안정적 정착 방안(안)」, 2018
- 국가인권위원회, 「직장 내 괴롭힘 실태조사」, 2017
- 김미향, 이지혜, 「10대 현장실습생들 '잔혹사', 기업·정부·학교가 키웠다」, 〈한겨레〉, 2017년 11월 22일
- 김영, 황정미, 「"요요 이행"과 "DIY 일대기": 이행기 청년들의 노동경험과 생애 서사에 대한 질적 분석」, 〈한국사회〉, 2013년 6월
- 대통령직속 청년위원회 스펙조사팀, 「국내 100대 기업 입사지원서 분석 결과」, 2014
- 데이비드 프레인, 『일하지 않을 권리』, 동녘, 2017
- 사람인, '사표 내고 싶은 충동을 느낀 경험' 설문조사, 2019년 1월 4일
- 선한승, 『노동문화연구(Ⅰ)』, 한국노동연구원, 1993
- 선한승, 『노동문화연구(Ⅱ)-노동문화와 기업문화의 비교론적 관점』, 한국노동연구원, 1994
- 이병희, 「근로빈곤 특성과 한국형 실업부조도입 방향」, 〈노동리뷰〉, 2018년 12월
- 이영롱, 『사표의 이유』, 서해문집, 2015
- 이충한, 『비노동사회를 사는 청년, 니트』, 서울연구원, 2018
- 전주희, '취준, 자발적 감금의 반정치', 「신자유주의 시대의 과로자살-사례 비교 연구」, 한국노동안전보건연구소, 2018
- 정희진, 『아주 친밀한 폭력』, 교양인, 2016
- 통계청, 「2019년 5월 경제활동인구조사 청년층 부가조사 결과」, 2019
- 한국보건사회연구원, 「유럽연합의 청년보장제도」, 〈글로벌 사회정책 브리프〉, 2016
- 한국직업능력개발원, 「청년층 소득 지원: 한국과 OECD 국가 비교」, 〈KRIVET Issue Brief〉, 2017년 9월
- 히노 에이타로, 이소담 옮김, 『아, 보람 따위 됐으니 야근수당이나 주세요』, 오우아, 2016